犹太奇迹

潘伟成 著

图书在版编目（CIP）数据

犹太奇迹/潘伟成著.--北京：华夏出版社，2016.11
ISBN 978-7-5080-8919-5

Ⅰ.①犹… Ⅱ.①潘… Ⅲ.①企业管理—咨询—案例—中国 Ⅳ.①F279.23

中国版本图书馆CIP数据核字(2016)第189412号

版权所有，翻印必究

犹太奇迹

作　　者	潘伟成
责任编辑	王占刚　许　婷

出版发行	华夏出版社
经　　销	新华书店
印　　刷	北京市通州运河印刷厂
版　　次	2016年11月北京第1版　2016年11月北京第1次印刷
开　　本	880×1230　1/32开
印　　张	8
字　　数	130千字
定　　价	58.00元

华夏出版社　网址：www.hxph.com.cn 地址：北京市东直门外香河园北里4号 邮编：100028
若发现本版图书有印装质量问题，请与我社营销中心联系调换。电话：（010）64663331（转）

谨以此书献给所有为成就梦想做出了贡献的创业者

前　言

成功的秘密
——我不行，但我们行！我没有，但我们有！

在商界，有句话叫"犹太人就是华尔街的大脑"，用美国人自己的话说就是犹太人是"The Brain of the Wall Street"。华尔街80%以上的投资产品都出自犹太人之手，可以毫不夸张地说，犹太人几乎掌握了这个世界上绝大部分的金融命脉。犹太人曾经几乎惨遭灭绝，人口不足2000万，既没有得天独厚的资源优势，也没有地域优势，却可以把商业的触角延展到世界的每一个角度，并控制整个世界的经济命脉，创造整个商界的奇迹。有句俗话说，世界的财富装在犹太人的口袋里，犹太人的财富装在犹太人的脑袋里。那么，装在犹太人脑袋里的商业思维究竟是什么？

在过去的十年间，我为上万家企业做过培训，期间一直在思考中小企业以及企业家的新出口。即使在每天都有新的市场运作模式诞生的当今互联网时代，中国很多的企业家始终还是用传统的市场思维去经营企业，导致传统企业无法跟上市场的步伐，而处于苦苦挣扎的淘汰边缘。为帮助更多中小企业找到适合他们的发展之路，实现"以商养善，强企富国"的伟大愿景，中小企业一站式国际资本孵化平台——犹太商学院——应运而生。我投资一千多万，足迹踏遍世界各地，亲自拜访50多位世界顶尖的犹太商业精英，共同参与项目的评估与投资，深入了解并钻研犹太人经商智慧的精髓，终于发现了犹太人经商繁荣不息的秘密。

十年前，靠胆量、靠勇气、靠人脉、靠关系或许可以打天下，但是，今天变幻莫测的市场除了要求靠思维、靠实力、靠谁能真正理解市场发现客户需求、痛点之外，还要求我们必须通过为客户创造更大的价值牢牢掌握消费者，掌握企业的经济效益。

犹太人对其坚定的信念和精神世界的追求非常执着，最重要的便是分享、感恩、双赢甚至共赢。他们非常愿意分享，并擅长分享，当他们发现一个项目可盈利的时候，他们会将这个项目分享给身边的人，让大家一起来投资。因为一个人的能量是有限的，资源也是有限的，但是大家的资源是无限的，所以犹太人无论走到哪里，都有做不完的生意。

除此之外，不畏风险，勇于颠覆、变革，则是犹太人经商精神的精髓。犹太人德鲁克先生在《旁观者》中总结道：创新者是唯一真实的利润创造者，但是创新者所创造的利润总是稍纵即逝，而创新是企业的精髓所在；企业真正的宗旨是创造用户，想要创造更多的用户，只有两个方法：营销和变革；高效的基础是专注，而专注的第一原则就是要抛弃行将就木的过去，摆脱过去的羁绊，才能创造未来；不变则亡，没有变革，就可能被市场淘汰。

在"共享经济"时代的今天，你的企业如何才能值钱？没有故事的企业不值钱！没有布局的企业不值钱！没有包装的企业不值钱！没有感性的故事如何吸引顾客的眼光？没有布局如何整合和"借"到我们需要的资源？没有包装如何能将自己的商业计划清晰地展示出来？

互联网时代，要颠覆，先变革；要变革，先思考。犹太人的生意做遍世界各个角落，但是他们却没有自己的工厂，为什么？因为他们善于借和整合。造船出海不如借船出海，犹太人经商智慧的高明之处就在于：没有资源就整合资源，没有平台就加入平台，无势可以造势！

创业需要勇气，相比之下，在当今的互联网时代，经商智慧要比勇气更重要。最后，感谢平台上的所有企业家学员，没有你们的配合与支持，平台就没有存在的意义！感谢平台上的所有咨询顾问团队，没有你们的鞠躬尽瘁，就听不到项目落地花开的声音！感谢平台上的所有家人，没有你们的全力以赴，"传播犹太智慧，创造华人奇迹"的使命始终遥不可及。漫漫前路，需要我们一如既往地并肩前行！我不行，但我们行！我没有，但我们有！

共勉之！谢谢大家！

潘伟成
2016年9月于中国·广州

目录

第一篇 入口

与神摔跤的犹太人 /02

耳朵为什么要长在两侧 /08

"势"在人为 /016

我们为什么要选"沙米"？ /024

入　口 /036

沙米咨询项目纪实 /050

第二篇 颠覆

商业思维的盲点 /064

要颠覆，先变革 /075

美德鲜的"从0到1" /085

如何颠覆 /098

跨界互联 /111

美德鲜咨询项目纪实 /117

第三篇 品牌真相

狼和羊应在一起吃草 /138

顺势而为才能颠覆世界 /153

一切皆有可能 /171

品牌真相 /189

HANMAC 咨询项目纪实 /199

第四篇 重塑

传统企业怎么办？/208

战略重塑 /221

破　局 /231

第一篇
入 口

与神摔跤的犹太人

耳朵为什么要长在两侧

"势"在人为

我们为什么要选"沙米"？

入 口

沙米咨询项目纪实

与神摔跤的犹太人

犹太人，一个不停流浪，被侵略、被欺压，甚至被屠杀的族群，在第二次世界大战中险些被德国纳粹灭种，但在商界，有句话叫犹太人就是华尔街的大脑，用美国人自己的话说犹太人就是"The Brain of the Wall Street"。我的美国投行朋友告诉我，在华尔街如果你仔细观察，你会发现那些三五成群，戴着黑色高帽、皮肤白皙、黑眼睛、黑头发的犹太人俨然是一道独特的风景。华尔街80%以上的投资产品都出自犹太人之手，可以毫不夸张地说，犹太人几乎掌握着这个世界上绝大部分的金融命脉。

据《圣经·创世纪》记载，犹太人的先知雅各布在异乡获得财富后，带领妻儿返回家乡，在途中遇见一个人要与他摔跤，最终，雅各布获胜。原文是这样描述这场战斗的结局的："那人说，你的名不要再叫雅各布，要叫以色列。因为你与神、与人较力，都得了

华尔街铜牛

胜。"换句更通俗的话，用犹太裔美国人、石油大王洛克菲勒的话来作为注解，即："即便把我剥得一丝不挂丢在沙漠的中央，只要一行驼队经过，我也可以重建整个王朝。"

控制华尔街金融命脉200年的神秘家族罗斯柴尔德家族是犹太人的后裔，以及摩根、雷曼兄弟等，他们的血液中无不体现着犹太人的共同特性。从艾伦·格林斯潘（1987年—2006年任美联储主席）、本·伯南克（2006—2014年任美联储主席）到珍妮特·耶伦（2014年至今任美联储主席）无一不是犹太人的后裔。美国利率的变化，什么时候不是全球央行的风向标？

  犹太人创造了整个商界的奇迹，但究竟是什么让犹太人对世界经济格局的变化产生如此深远的影响，我们又要从犹太人身上学什么，如何将犹太人的商业智慧运用到我们的经营中，这正是我们创办犹太商学院的初衷。

  十年来，我在直接培训过上万家企业后，一直在思考企业以及企业家最终的出口究竟在哪里？我发现这个世界上最成功的经商者莫过于犹太人。为此，我几乎走遍了世界上每一个犹太人活跃的地方，到当地实地考察，与犹太人合伙做生意。当然，我还未了解的犹太人智慧仍有许多，那些无法弄清楚的，它们像谜一样，吸引着我更深入地去探求，去研究，去实践。

  2015年，股票市场的大起大落让我们损失了数万亿元，金融泡沫的威力让数万人从神坛跌落到谷底，为什么会导致这样的结局？正是因为人们盲目地相信自己的判断：没有人愿意相信股票的拉升与实体经济的萎缩本身就是一个伪命题。事实上，在金融资本市场，相信市场作用的人越多，资本的泡沫就越大。同样，按照这个理论，我们就不难理解深圳、上海、北京、杭州等一线城市房价的非理性上涨的真实原因。股市与房市是富人们的商业冒险游戏,因此,倘若一直是风平浪静,房市就不会被称为房市,股市更不会被称为股市了,正如摩根士丹利的创始人J.P.摩根所说的,股市就是不断波动的市场。

在投机市场,如果有人认为尝到了甜头后还能全身而退,那就太愚蠢了。在本书开头的章节中,在讨论犹太商业智慧与奇迹的开始,在探求互联网时代商业的出口与入口之前,我想告诉读到这本书的有缘人,类似的危机绝对不会只发生一次。

同样,在2008年,"5.12"汶川地震之前,美国的次贷危机已经发生,当时中国政府从中央到地方,几乎所有的注意力都集中在抗震救灾上,作为最早的一批红十字会与狮子会成员,我发动企业联合向灾区捐款。当时,举国上下少有人注意到当时的中国经济已经出现了严重的滑坡,一些经济学家在用"破窗理论"安慰公众,就像1998年水灾之后,反而会吸引大量的投资,经济不会出现下滑。此外,2008年的第二件大事便是北京奥运会,按照以往的经验,奥运盛会同样会带来大量的投资,但临近奥运时基础建设的投资已经临近尾声。事实上,到2008年的第四季度,中国GDP的增长出现了多年未见的低于7%的情况，只有6.3%。奥运结束后，美国第四大投行雷曼兄弟丢盔弃甲，我们才用4万亿来重振已经跌入谷底的经济。

企业的发展不在于市场好的时候，而在于市场不好的时候我们能不能及时发现问题，在逆境中更能显示出品质，更能检验出实力。2008年，我带领诚际公司和新加坡商联签约，强强联手打造"犹太奇迹"，为中国企业家铺平融资之路。

言归正传，犹太人创造了很多伟大的商业奇迹，一个人口只有不足2000万的族群，既没有得天独厚的资源优势，又没有地域优势，却可以把商业的触角延展到世界的每一个角落，成为全球最具影响力的商业群体，归根结底源于其自身的生存能力。在一个生存空间狭小、严酷的体系下，向内求等同于自取灭亡，只有向外求才能获得生存机会，回顾整个犹太人的历史，这个族群从未放弃过向外寻求合作，寻找机会，创造机会，顽强又凶悍。

世界上没有第二个民族可以像犹太人一样，在现代商业模式与运作机制上有过如此众多的贡献，即便在当今每天都有新的市场运作模式诞生的互联网时代，我们依然能看到犹太商业思维中不可磨灭的痕迹。不论是在金融领域，还是在实业界，犹太人都已经成为当今世界上异常强大的力量。有句俗话说，世界的财富装在犹太人的口袋里，犹太人的财富装在犹太人的脑袋里。那么，装在犹太人脑袋中的商业思维究竟是什么？

我经常跟犹太商学院的学员这样说，如果说我们大多数人工作的目的是为了拿到信用卡的话，那么，犹太人工作的目的是为了拿到银行保险箱的钥匙。犹太人就是这样敢于冒险，并拥有雄心壮志。

现代社会的商业竞争就像适者生存的丛林法则一样，处处充满了危机，同时也处处隐藏着机遇，而那些能深入表象背后，洞察出消费者的需求的能力便是我们苦苦探求的入口。

耳朵为什么要长在两侧

人的眼睛为什么要比鼻子高,比耳朵高,比嘴巴高,因为我们做任何决策都要先"眼见为实",当我们还没有搞清楚互联网商业究竟是什么的时候,移动互联网就来了,当移动互联网甚至"互联网+"对很多人来说还是一个概念化的名词时,大数据就已经被很多企业应用了。有这样一个冷笑话,BAT中的腾讯QQ推出"圈子"功能,把好友的连锁反应摊开至用户的人际关系网,居然将前女友推送给未婚妻。在找到商业的入口前,首先要观察你的用户,看到别人看不见的地方,用犹太人的名言说:"只有在别人不敢去的地方,才能找到最美的钻石。"世界第一名的企业沃尔玛发现,男性顾客在购买婴儿尿不湿的时候,通常会顺手在货架上拿几瓶啤酒来犒劳自己,于是沃尔玛便尝试将啤酒和婴儿尿不湿摆放在一起促销,结果显而易见,这两种产品的销量因此都大幅度增加了。现在，这个案例已经成为大数据应用的经典案例出现在各种商业教科书上。眼见为实决定了我们定位在什么方向上，就好比在辽阔的草原上，雄狮在捕杀猎物前总会观察猎物的动向。

人的耳朵为什么要长在两侧呢？因为兼听则明。要听得进去好的一面，更能听得进去不好的一面。人性的本质充满了冲突。比如说，很多人有一块钱就做一块钱的事，更直白地说就是"有多大的头就戴多大的帽，有多大的脚就穿多大的鞋"，他们总认为这是脚踏实地，这个就叫作一步一个脚印，其实这就是传统的思维、传统的做法，他们不敢负债，不知道什么叫融资，仿佛没有钱就被捆住了手，绑住了脚。实际上，用犹太人的思维来看，没有钱可以整合钱，没有人去整合人，没有资源整合资源。但当我将这些讲给他们听的时候，他们却总感觉不落地，甚至用一句不好听的话总结说这是空手套白狼，但是他们不知道，倘若你能将大家都整合在同一个平台上，其实这是一件最伟大的事业，因为你帮助了这个平台上所有的人。当下，有句很流行的话叫"羊毛出在牛身上，让熊来买单，最后大家都共赢"。其实很简单，就比如《中国好声音》这个节目，主办方搭好平台，由专业的团队来布局，规划节目的规则，

发掘观众的兴趣，整合导师和参与者，对导师来说不仅有出场费，还增加了曝光度；对节目赞助商加多宝集团来说，投入了2亿元的赞助费，提升了品牌美誉度；参与者通过海选一展歌喉的同时，还可能实现自己的明星梦；幕后的投资方获得了收益，这便是典型的整合与共赢。

"眼见为实"与"兼听则明"，一方面要我们客观、理性地面对市场，另一方面则需要我们跳出传统的思维，甚至朝相反的方向出发，走别人没有走过的路，因为这才有可能是我们正在寻找的入口。比如当年乔布斯在众多厂商将手机越做越复杂时,他却从相反的角度出发,做出举世瞩目的苹果手机。要知道,乔布斯以及他的设计团队并非闭门造车,撞上大运。乔布斯在接受采访时说:"我每天早上起床的第一件事就是问用户,你要什么,你要什么,你要什么?"同样,当大家都在力求满足市场提出的一切需求时,乔布斯再次走了一条看似相反的道路:严格控制出货量。这就是"眼见为实"与"兼听则明"的最高境界。

2010年,我在南非投资钻石生意,按照传统的做法,既然有做钻石生意的经验,同时又有资金,接下来就是找一个顾客流量大、购

苹果公司创始人乔布斯

买力足的铺面,但当时我的犹太裔朋友的做法却让我大吃一惊。他在决定做钻石生意的开始就在想如何将这门生意做大,怎样才能做到全球范围,如何制定游戏规则,怎么运营才能获得整个市场的控制权。更关键的是,当他决定投资做钻石生意时,他根本不考虑自己是否真的熟悉这一行。我的犹太裔朋友告诉我,如果你是直接的操盘手,你对钻石行业的业务一定要熟练,但倘若你将自己定位为投资人,你可以找业务熟练的人才来帮你操盘。当时,这句话让我恍然大悟,因为我们中国很多企业家就存在这样的定位错误和认知错误,他们往往什么事情都亲力亲为,眉毛胡子一把抓,犹太商业智慧告诉我们,身为老板你只需要考虑两点,第一,做趋势;第二,可持续性。

钻石行业是一门持续的生意,当时,我的犹太裔朋友的思路是这样的:其一,钻石行业的市场空间有多大;其二,钻石行业是否能成为未来的趋势;其三,在这个时机进入,优势在哪里?其四,通过哪些途径能获得控制权?其五,钻石行业是否具有可持续性。

当他这样和我分享他的思路时,我发现,他的思维和我们真的不一样,我们很多时候选择投资某个项目大多为了赚取短期利益,但他们不是,他们一进入某个领域就在思考如何做市场的掌控者,

因此，当他们开始进入的时候，他们就在思考如何布局，在这个基础上，他们一定会找最优秀的人到自己的团队中来，而自己只扮演一个投资者和平台搭建者的角色。

在钻石行业中，要获得控制权，就不能将自己定位成贸易商，而是从钻石的源头——钻石矿井——开始。沿着这个思路，犹太人开始寻找专门生产最高端的黑钻石的矿井投资人，接下来他要思考的便是如何将这些人整合起来，搭建一个怎样的平台将这些人为己所用。

如何才能让那些最高端的钻石矿所有人愿意与你合作呢？犹太人告诉我，你的格局一定要比所有合作方都大，不能让对方感觉到一丝不安全。原理很简单，倘若你是矿厂拥有者，自己开发一年能获得一亿美元的收益，但与犹太商人合作就能获得十倍的收益，何乐而不为呢？相反，很多创业者则太在意账本上的股份大小，却忘记了桌面上的蛋糕有多大。犹太商人的精明有许多表现，其中最重要的一点就是犹太人对数字的感觉，在商业中，只有数字能反映现实。就拿马云来说，尽管他个人只占有阿里巴巴7%左右的股份，但丝毫不影响他个人财富的积累，而那些持有公司更多股权的人，他的个人财富又有多少呢？是百万级，还是千万级呢？

犹太人非常愿意分享，并擅长分享。大多数人发现了一个可盈利的项目，往往是关起门来"闷声发大财"，这是一种普遍的心态，但犹太人却会将这个项目分享给身边的人，让大家一起来投资。我的犹太朋友告诉我，金钱有价，市场无价，资源无价。也就是说，一个人的能量是有限的，资源也是有限的，但大家的资源是无限的，今天我发现了好的资源分享给你，帮你赚到钱，明天你发现了好的资源同样也会分享给我，正因为如此，犹太人无论走到哪里，都有做不完的生意。

人这一辈子，除了赚钱，更重要的就是和谁一起来赚钱，和谁一起来分享成功与喜悦。我的犹太朋友很喜欢赚钱，他说一个人最闷、最痛苦的时候，不是当你遇到困难、挫折时，也不是找不到人分享、开解时，而是当你站在成功的巅峰的时候，找不到人分享，这才是真正的痛苦。因为没有人读懂你，没有人能够分享你内心的喜悦。

和犹太人一起做生意的那些年，我切身地体会到在他们心目中究竟什么才是真正的创业者，更确切地说，下面这四点才是犹太人最基本的创业之精神。

1. 不畏风险；
2. 奉行双赢甚至多赢；
3. 务实；
4. 懂得感恩。

在推广犹太商业思想的十余年时间里，我用这些精神作为我们发展的基准，并越来越觉察到，在当今的中国，创业成功、商业奇迹和犹太商业思维结合在一起，这绝对不是偶然。

"势"在人为

孟子说,天时不如地利,地利不如人和。如果让我在这句话的基础上再补上一句,我会说,人和不如借势。当年,刘邦在芒砀山斩白蛇揭竿而起便是借势,从而建立起400多年的大汉王朝。我相信,汉高祖要是生活在今天,必定是一个营销行家。同样,在犹太商道中,其中非常重要的一条便是关于"势"的运用,在信息扁平化的互联网时代,谁掌握了"势",谁就把握了先机,先发制人,那就稳操胜券了。用犹太人的话说,没有钱并不是问题,没有创造力才是问题。

2013年12月28日中午12点20分,国家主席习近平一行人乘坐面包车抵达北京市西城区的庆丰包子铺吃午饭,他点了一份21元的套餐:二两包子、一碗炒肝、一份荠菜。这则新闻在百度上的收录将近18万条,随后庆丰包子铺成为北京的一个新的旅游热点。

2015年10月，根据网友微博爆料，在北京知名连锁快餐店庆丰包子铺用餐时吃出了"小强"，后来，涉事的店铺被停业整顿。这则新闻在百度上的收录将近5万条。

显然，这两个"势"，一个是飞来横财的"好势"，一个是飞来横祸的"坏势"，庆丰都没有把握好。互联网时代是一个趣味经济的时代，在硬广告时代已经逝去的当下，你要找到可借的势，才能找到入口。

在碎片化信息传播的今天，过去的电视、报纸、杂志、楼宇媒体等传播媒体都被打了折扣，倘若我们的产品仅仅让客户感觉到满足，并不能让他们记住，而让他们记住的办法只有让他们感受到你的真诚。犹太人有句谚语说，猫饿了找鱼吃，鸟饿了找虫子吃。站在商业的角度理解这句话的意思就是要满足用户的需求，但在猫除了鱼之外，还有猫粮等更好的选择时，在鸟除了虫子之外，还有更美味的替代品时，我们怎么办呢？况且，我们面对的用户是拥有复杂的情感的人。因此，倘若我们的口袋里只有鱼和虫子时，我们就要想办法来"造势"，塑造一只性感的虫子和一条美丽的金鱼。

在这里我们就要明白一个道理，我们的产品不等于品牌。比如一个姑娘,她手里提着个LV的包,是为了通过这个品牌来传递自己的身份;凉茶中的红罐已经成了一个代名词,加多宝和王老吉的红罐设计所有权之争可以称得上是商战中的经典案例;可口可乐的瓶子,那个经典的外形,最初开始设计出来的时候,它的创意来源于一个少女的体态……我们生活的世界首先是被品牌包围,其次才被产品包围。然而,我们很多企业却不明白这个道理,比如,庆丰不等于包子,包子界除了庆丰之外,还有天津的狗不理、上海的灌汤包、浙江的小笼包,等等。那么,庆丰的品牌外延有哪些呢?在于其历史悠久,它创立于1948年;在于老北京的地道口味传承;在于习主席亲临本店;在于健康、卫生……倘若我们将产品与品牌这样区隔开,那么营销的入口不就显现了吗?这个时候,好的势可以让我们乘风而起,坏的势同样可以让我们借机营销,同样博得眼球。

危机就是机遇,这是犹太商人的生命格言。犹太人说,人的眼睛是由黑白两个部分组成的,但为什么只能透过黑色的眼球才能看到东西呢?因为人只有透过黑暗才能看到光明的存在。因此,正是犹太人顽强的意志和勇于挑战的精神造就了犹太商业思维中最宝贵的智慧。当今美国新闻界最高荣誉普利策新闻奖的命名者普利策就是一名白手起家、历经艰辛的犹太人,他21岁时从一个小报记者开始做起,受尽了冷眼与屈辱,后来,他用所有的积蓄买下一家快要倒闭的小报社,开始独立办报,直到他将《纽约世界报》《西方邮报》等办成了当时美国首屈一指的大报。

在传播学中,有两种理论,一个叫沉默螺旋理论,意思指当你认为自己是持有异见的少数派时,大多会选择沉默,因为害怕被孤立;另一个叫反沉默螺旋理论,意思指当庭抗争,勇敢地发表不同意见。在碎片化信息的互联网时代的新媒体平台上,少数人的意见反而能演变为舆论的焦点,比如凤姐事件、华南虎事件,等等,无一不是如此。

我们的产品对应着用户的基本需求,品牌则对应着用户心灵层面的需求。用户购买产品的根本原因在于基本需要和心灵需求两个层面,比如说,有的人喝酒只喝茅台却不喝五粮液,因为茅台能带给他心灵层面真正的满足。我相信,那个故意在世界白酒博览会上"砸酒"的营销行为足以载入营销史册了,这和犹太人的逆向思维与创造力不谋而合。获得英国小说界最高奖的犹太作家霍华德·雅各布森曾经这样说:"我希望贴近大地,我要安静地躺在墓地里。

在欧洲,有很多犹太人的墓地是冰冷的,周围充满了恶狠狠的敌意,我希望在这些冰冷的墓地上都立上一块写满希伯来文的墓碑,上面写一句我们喜欢的笑话。"这种近似在痛苦中寻找幽默的方式,在自嘲和反讽中阐述生命的方式恰恰向我们展示出了犹太人的思维,在文学作品中,犹太人的思想是这样的,在商业中同样也是如此:异乎寻常的逆向思维与创新。

在这里,我用一句最通俗的话来形容产品和品牌的关系,产品就像一个人的脸,而品牌就像一个人的眼睛,真正能打动用户的,永远是那双水灵灵、欲语还休的黑眼睛。

因此,要转换思维,改变我们对产品传统的看法。我们不能把产品当作目的,而是当作整个品牌运维中的其中一环,比如特斯拉在推广过程中邀请客户去特斯拉工厂体验整条生产流水线,直到开出第一辆特斯拉电动跑车。整个品牌运维的目的是为了给用户带来好的体验。

在这里,我们中国本土有一个人做得特别好,不,更确切地说,是神话人物,她深入人心,那就是观世音菩萨,人们一想到观世音菩萨,就想到了慈悲为怀,站在营销的角度,这便是将存在于用户内心的精神能量转化为购买力,一切与"慈悲"相关的民间传说都能为我所用,这便是"势"。

讲到这里,我们就更深入一点,讲互联网时代产品的命名原则。我建议各位读者朋友读到这里的时候可以找一些辅助读物来读一下,比如现当代中外著名诗人的诗歌作品,你会发现,一首让人难以忘怀、深入人心的好诗往往用的全部是"小词",也就是说,没有大的形容词,主要是动词、名词。比如活佛仓央嘉措的那首《见与不见》、普希金的《世界上最遥远的距离》、海子的《面朝大海,春暖花开》,等等,为什么让人记忆深刻,往往读过一遍便能记住,秘诀之一便是在"用词"上。

以下,我仅选用海子的《面朝大海,春暖花开》一诗,请各位读者用心感受其用词的魅力。

从明天起,做一个幸福的人

喂马、劈柴,周游世界

从明天起,关心粮食和蔬菜

我有一所房子,面朝大海,春暖花开

从明天起，和每一个亲人通信

告诉他们我的幸福

那幸福的闪电告诉我的

我将告诉每一个人

给每一条河每一座山取一个温暖的名字

陌生人，我也为你祝福

愿你有一个灿烂的前程

愿你有情人终成眷属

愿你在尘世获得幸福

我只愿面朝大海，春暖花开

  我们为产品命名也可以借鉴，可以用动词来命名，也可以用诗一样让人流进血液里的"小词"来命名。本章的案例分析中要讲的沙米的命名即是按照这个原则。

  沙米品牌的创始人滕飞说："以前，一望无际的沙漠里没有水、电、路，现在，白天稻田里全是水鸟，夜晚躺在生活区，能听见四处传来的蛙鸣……"

幼苗在精心呵护下茁壮成长

试想,一望无际的沙漠上呈现出一望无际的金灿灿的稻田,夕阳西下,蛙声阵阵,多么美好。那么,在荒漠中又怎能种植出水稻?怎样才能将荒原变为良田?当你听到沙米这个词时,你的脑海里会不会产生这样的风景以及疑问?这种最直接的感知,以及感性的产品故事马上就能带给用户切入感,那么接下来,整个商业模式的设计就要让这种情感转化为用户体验的催化剂。

我们为什么要选"沙米"?

"沙米"项目刚刚找到犹太商学院时是2015年3月,当时处在刚刚起步的阶段。项目首要解决的问题就是销售渠道,你无法说服传统销售渠道来推广沙米,首先,在价格上并没有优势;其次,在品牌上也没有五常大米等传统高端品牌的优势,那么别人为什么要推广沙米呢?因此,当时沙米项目组非常被动。实际情况是将米先发给经销商,卖了多少,多长时间能卖完,要到最后才知道,这样沙米一开始就被经销商卡住了脖子,经销商可以找100个理由要挟沙米,因此在我们看来,这种传统的做法肯定是行不通,也做不大。

沙米项目起步的时候第一年是55亩,第二年500亩,2015年第三年是5000亩,在农产品生产上这绝对不是一个大数字,但前期投入的资金却很大,前面讲到也存在销售渠道上的困境,同样,因为这些客观因素,初期融资举步维艰,那么我们为什么又有信心把它做起来呢？倘若我们运用犹太人做生意的方法，我们应该怎样做呢？

首先，我们挖掘故事，挖掘沙米的故事，找到故事中的爆点，对这个爆点进行包装、炒作。与此同时，我们重新设计沙米的整套VI、申请专利、商标，在知识产权上做全系保护，不仅是沙米，凡是涉及沙漠米、沙漠种植水稻等系列全部注册，连沙子都注册。中国的民营企业，尤其是初创的企业，很少用这个思路，一开始先做知识产权，其实这也正是我们的中小企业、民营企业，甚至包括国资企业的一大弱项，如果用犹太商人的思维，我们要先做一些有把握的事情，做一些自己能够控制的事情，倘若我们在选择做沙米的时候，连知识产权都没有做好，那么我们就无法控制结果，这就等于在赌博。因此，在我们重新规划沙米项目时，要先找到出口。

犹太人做生意的关键在于以下五条：

第一条：犹太商人会去做趋势，什么是趋势？简单地说就是现在可能不是很火，但充满前景。这就需要我们有一个长远的眼光。做趋势等于事半功倍；

第二条：犹太商人永远只做国家政策支持的事情；

第三条：选择自己能把握规则的事情；

第四条：如果我们自己无法制定游戏规则，那么我们就改写游戏规则；

第五条：犹太商人所投资的项目一定是可持续发展的，而不是一锤子买卖。

如果一个项目连国家政策都不支持，或者说它属于灰色地带，国家不明确支持也不反对，那么按照商业上的思维，它就充满了不确定性，其实是充满危机。就像十年前，我们的房地产行业蓬勃发展，其背后一定是国家政策的扶持。那么我们应该如何判断自己所选的项目是否是趋势上的事情呢？比如说，我们去云南或者广西，我们想要了解当地的趋势是什么，其实很简单，你只需要做两件事情，一是去当地的发改委，去了解他们对当地的哪些企业是支持的；二是去银行，去问他们现在不给哪些行业贷款，对哪些行业是支持的。比如，智能化、"互联网+"、高新技术、新农业、新型材料，等等，这些就是当前国家支持的行业。当你用这样的思维去选择项目时，你会发现眼下的商业再也不是当年的"圈地、赚钱，再圈地、赚钱"这样简单的轮回了。

十年前，我们创业靠胆量、靠勇气、靠人脉、靠关系；未来，

才吐小穗，一只蜻蜓立上头

我们创业靠思维、靠实力、靠谁能真正理解市场。国家现在反腐倡廉，尽管对实体经济有一些影响，某些中小企业会受到一些影响，但这是短暂的，对中国的长远发展来说，这是必须要走的一步棋。因此，在我们犹太商学院的平台上，很多企业家对此是又恨又爱，恨的是现在每走一步都很艰难，爱的是未来一定会更美好。我经常对大家说，国家的政策，我们一定要去支持。那么当下我们应该怎么做呢？一定要真正理解市场、做好市场，从过去的"关系思维"

转换到"市场思维"中来,知道我们的客户是谁?客户的痛点在哪里?如何为客户创造更大的价值?只有牢牢掌握了消费者,才能牢牢掌握企业的经济效益。

第三条,做自己能够把握规则的事,简单地说就是自己能够掌握结果的事情。以沙米项目来说,我们能够把握它的结果到底是盈利还是亏损,这不是赌博。用犹太人的商业思维,我们可以控制结果的叫投资,不可以控制结果的就叫赌博。这和很多人去澳门赌博是一个道理,他们根本无法控制输赢。道理很简单,可是现在很多人做投资恰恰就犯这样的错误,他们根本无法判断自己选择的企业、项目到底好不好,也看不懂真正的商业模式,人云亦云,因此他们也不知道最后到底是赚是赔,也许要两年,也许要五年,这不正是在赌博吗?我认为,倘若用这种方式做投资,还不如去澳门赌场,只要不到十秒钟的时间,你就能知道结果了。

那么,我们应该如何来选择所要投资的项目呢?用犹太人的商业思维:我不行,但我们行;我不懂,但我们懂;我不会,但我们会;我没有,但我们有。

任何一个个体都不可能百业精通,当我不懂的时候,我们要看谁懂；任何一个个体的能量都是有限的，将大家集中起来，能量就会倍增。因此，选择项目先选人。我们选择沙米项目，我们不懂怎样种大米，怎么在沙漠里种大米，但是沙米的创始人腾飞懂，我们则精通资本运作，懂得如何让沙米摆脱彼时的困境，迅速扩张，因此，腾飞将犹太商学院整合到沙米的项目中，我们选择与沙米合作。

当我们不懂的时候，一定要整合懂行的专业人士，一定要发挥别人的专业经验。整合不一定要花钱，可以用未来的收益，当大家一起将蛋糕做大时，一起来分享未来的收获，何乐而不为呢？

传统思维就是用自己的钱、自己的资源、自己的资金、自己的经验、自己的力量来做自己的事；犹太思维是用别人的钱、别人的资源、别人的资金、别人的经验、别人的力量来做我们的事。要想把事业做大，就必须要把我的企业变成我们的企业。因为每个人都会去参与他自己所支持的事，如果这个公司是你一个人的，那只能你一个人担心、一个人紧张、一个人在乎，如果公司是更多人的，那是大家一起来做，你只需要充当一个领头人的角色就可以。

我们要想把"我"的企业变成"我们"的企业，要选什么样的人呢？这一点非常重要，选有能量的人成为股东，选有能力的人做执行。什么叫有能量？有资源、有经验、有智慧、有人脉、有平台、有影响力、有感召力、有推动力，这样的人叫有能量，他们就可以成为我们股东的核心层。我们不需要他们每天来上班，在关键的时刻他们出现一下，在最关键的节点帮我们把关，帮我们做战略、做规划，对接人脉、资源、品牌、平台、客户，等等。在创业的道路上，有能量的人让我们的公司更有影响力和感召力，同时也更值钱。比如说，我们有一家市值1亿元的公司，普通的投资者至少需要1000万元换10%的股份，但假如是李嘉诚要来投资这家公司，他只要投1块钱，我们就愿意给他20%的股份，为什么？因为李先生是有能量的人，他加盟这家公司，市值就不止1亿元，可能是10亿元甚至更多，这个就叫影响力。当然，我们很难找到李先生这样有影响力的人，也很难找到马云这样的人，但按照这个方向，我们要找有影响力的人来成为我们的核心层，成为我们的头脑和心脏。

如果把公司比作一台汽车，那么，执行团队就是车轮，核心团队就是发动机。轮胎太大，阻力大，发动力小，拉不动，因此要有马力大、有能量的发动机；马力够大，轮胎太小，跑不快，因此要找有能力的人成为我们的执行团队。什么叫有能力？任何事情能执行到位，这就是能力。

我们要判断一家企业能否真正做大、做强，就要看这家企业的创始人是否具备这种格局，他敢不敢用人，以及他能否吸引到有能量的人加盟这家企业，尤其是初创型企业。

也许，你会问，当我们的企业是初创型企业，当我们的项目才刚刚开始时，有能量的人为什么要加入我们的项目？原因很简单，他们并不是冲着当下的我们来的，而是冲着我们的明天。以沙米为例，当时，沙米尽管只有5000亩的规模，连销路都没有打开，我们为什么会选择沙米，因为我们知道，沙米的未来前景有多大；其次，滕飞的愿景与使命深深地征服了我们，他做的事情，他的梦想——不仅将沙漠变为绿洲，而且变其为良田——不仅充满正能量，而且对当下的社会、对全人类都有帮助。这个愿景和我创办犹太商学院的初衷——以商养善，强企富国——不谋而合。

当年，我创办犹太商学院时，我们的两个大股东正是因为这个愿景来支持我的，他们比我有钱，他们的企业规模比我的大，他们的经验比我的丰富，但正因为我的愿景他们才愿意帮助我、辅佐我。以前，我们投资实业，实际投入几个亿去建厂房、买设备、培训工人等，但实际利润可能还不到几千万，在当下经济情况不好，受人民币汇率等影响可能还会亏损，但我们做犹太商学院这个平台却是轻资产运作，我们的定位是传播犹太商业智慧，寻找与投资并孵化拥有巨大市场潜力的项目，帮助更多创业者更快成功。越来越多有能量的人来到犹太商学院的平台，这里的每一个人都深深地懂得：与犹太商学院为伍，就是与这个世界上最接地气的商业智慧同行。在这个每一秒钟都在变化、都有新技术诞生的时代，没有智慧、没有创造力就无法在残酷的现实和未来的社会中生存。

第四条，如果我们自己制定不了游戏规则，那我们就改写游戏规则。以苹果公司为例，这家公司最先是做电脑的，因此叫苹果电脑公司，公司发展并不景气。1996年，乔布斯回归后，他要将这个几乎要倒闭的公司救活，于是更名苹果公司，除了电脑之外，还做其他产品，尤其是手机。其实，在苹果公司进入手机领域之前，这个行业有诺基亚、三星、索尼，等等，这些都是巨无霸，但这些巨无霸们都陷在渠道、中间差价等传统的商业模式中，于是苹果公司搭建出全球最大的苹果商城；其次，首次提出了颠覆性的0元购机服务；第三，做超级客户体验店。当后来者无法制定游戏规则时，他只能改写游戏规则。

犹太人有句格言:"当一切都太正确时,一定有什么东西有问题。" 在商业上,这不仅是一种居安思危的危机意识,更是一种绝不满足现状的进取精神。犹太商人索罗斯的大名可谓是家喻户晓,他1992年炒作英镑,1997年炒作亚洲国家的货币,他的量子基金让他富可敌国。索罗斯说:"我以身为犹太人为荣,犹太人从不同的观点,甚至从最矛盾的观点考虑每一个问题,如果说我身上有什么'犹太天才',完全是因为我有批判性思考的能力。"

沙米展示馆

因此，在推广沙米项目时，我们同样要改写这个行业的游戏规则。以前，消费者购买大米是一斤一斤地买，现在，让消费者按年用量去买；以前，我们要用传统的渠道去铺货，现在我们用众筹的方式，有的人一次买四年用量的大米，有的人一次购买十份，等于一次性购买了四十年的大米。这是不是改写了游戏规则？

最后，犹太商人所做的项目一定是可延续的，而不是一锤子买卖。沙米的发展就是一条改善生态环境的可持续发展道路，随着资源开发范围逐渐增大，未来全人类都面临着生态环境恶化和资源紧缺的共同难题，尤其是高速发展的中国，土地荒漠化、沙尘暴等越来越严重，土地资源和水资源越来越紧缺，沙米就是在这个背景下诞生的，可以说正是"生逢其时"。

入口

2015年3月,大庆依然是冬季,但犹太商学院的课堂上却是火热的,中国北方的企业家们不但粗犷、豪爽,在学习上更是赤诚、激烈。实际上,近年来东北地区的经济活力不足,大环境是人口红利的消失,企业成本增高。李克强总理上任后,也多次去东北考察,寻找东北经济深度转型之道。当时,滕飞就坐在台下,和许多企业家一样,他也是带着问题来到犹太商学院。

那时,滕飞的沙米项目还是最传统的经营模式,按照他的话说,沙米项目一定是可行的,在他之前已经有人成功地在沙漠上培育水稻,但他是第一个将大米产业化的。在做沙米之前,滕飞已经是一名颇为成功的企业家,当他放下自己的企业,选择去杳无人烟的荒漠时,他的家人、朋友都无法理解。第一年,他开垦了50亩,第二年,他做到了500亩,第三年,他做到了5000亩,可是,就算是

沙米创始人滕飞

5000亩，在大米行业中，也实在是微不足道，可是他已经没有资金注入了。将沙漠变成绿洲的成本太高，但大米产量和一般农田却是一样的，沙米究竟还是米！他已经掏空了自己的身家，接下来的路应该怎么走，他苦苦地思索着。

课后，滕飞来找我，对我说他的情况以及他的痛点，我告诉他，你不能再用传统的思维经营，不能再用"投钱—租地—投钱—租地"这种死循环的方式，你要转换固有的想法，学会整合，学会用别人的钱……

滕飞是一个高效的决策者，但是我却真的不知道他是什么时候决定要与犹太商学院合作推广沙米，我只知道，当我听完滕飞讲完沙米以及他那三年遇到的所有的坎坷以及他的愿景时，我当下就决定帮他，因此犹太商学院介入沙米项目的运营同样也是高效而又快速的。

犹太商学院介入沙米项目的第一件事情就是做知识产权保护，前文中我们已经讲过了，没有知识产权的经营就形同一场不知道结局的赌博，拿下所有的知识产权保护之后就要开始造势，因为我们知道，当时的沙米太微不足道了，倘若不能通过造势、借势，来吸

犹太商学院院长潘伟成与沙米创始人滕飞合影

引有能量的人成为沙米的核心层,成为沙米的投资者,下面的事情仅仅靠腾飞、靠犹太商学院根本无法快速成功,但同时我们也非常清楚结局,沙米肯定能快速成功,因为沙米的故事——在广袤的沙漠中种植水稻——非常感性,可以说它符合互联网时代商业传播的一切要素。

  正是这样的前提,我们针对沙米的宣传、广告、公关等没有花一分钱,实际上,不花钱的营销永远是真正有意义、最高明的营销,比如中央电视台、新华社、人民日报社等这些媒体全部都是被沙米的故事吸引过去的。为什么这些国家级媒体,这些平时花钱也很难请过去的媒体愿意主动千里迢迢奔赴内蒙古通辽去采访,我想除了沙米本身感性的故事之外,主要原因在于这个项目符合国家支持的主流方向。

  为产品塑造故事,首先要找到用户内心的冲突点,只有抓住用户内心的矛盾与冲突,才能吸引他们的关注。这个道理很简单,就像我们看一部电影一样,倘若没有反派人物,没有矛盾,没有冲突,没有悬疑,那么这必然是一部枯燥无味、看不下去的差评电影。那么,沙米的冲突点在哪里呢?

按照常识，沙漠上没有水，昼夜温差大，怎么可能种植出水稻来？由此，我们的第一波软文的矛盾点就设计在这里："你知道在沙漠里能种出水稻吗？""你相信沙漠里能种出水稻吗？""为什么在沙漠里能种出水稻？""沙漠里的水稻是怎样种出来的？"

这些充满矛盾与冲突的软文不仅发布在各个媒体上，而且在我的全国巡回演讲（每年受众群体超过20万名企业家）的课堂上，我不断地分享"沙漠种植水稻"的案例，同时播放PPT、现场照片，让学员拍照在微信群分享。

浩大的拔草工程

果然,这吸引了很多人,很多人没有在沙漠生活的经历,本身对沙漠就充满了好奇与向往,而惯常的思想让他们一想到沙漠就想到了沙子、仙人掌、骆驼,没有想到沙漠中原来可以种出水稻。这种内心的冲突不断地演化,逐渐激烈,产生巨大的张力。这个时候,我们开始这样引导,将话题往公益上面转化:"假如我们在沙漠里种植水稻,将沙漠变为绿洲,希望您能贡献一点点力量,一起来参与,您愿意吗?""你想来沙漠和我们一起种植水稻吗?"等等。

公益的传播终于吸引了很多媒体的关注,央视等主流媒体终于主动来采访我们。尽管如此,我们都知道,冰冻三尺,非一日之寒,同样要融化用户内心的"冰心",让他们爱上你,也非一日之暖。而对用户来说,最终决定他们参与或购买的首要因素是产品,而不是品牌,因此当我们利用制造冲突以及将冲突扩大化来获得一定的曝光度时,我们需要传播给用户的就是沙米究竟与别的米有什么区别。一句话,让故事更感性,让矛盾在用户心中进一步激化。而这正是我确定沙米项目必然成功的主要原因。

众所周知,种植水稻的普通农田里会有杂草和害虫,需要打除草剂、农药,在大米中或多或少会有一些农药残留。沙漠中昼夜温差大,这种天然的恶劣环境让害虫无法生存,不需要喷洒农药,与此同时,沙漠中就没有适合杂草生存的土壤,也不需要打除草剂。因此,我们从产品意义上的第一个诉求便是:"唯一的从不打农药、除草剂的纯净大米!"

为了让这个诉求更加深入用户的心里,我们在沙米种植基地建设旅游基地,让用户来现场实地考察,让大家一起来内蒙古沙漠体验荒原篝火与万亩水稻中的盛宴,这种体验极大地增强了沙米的美誉度。

此外,在销售模式的设计上,我们推翻了先前的先种出了水

第一篇 入口

稻子日渐成熟

稻,然后再去卖米,而是种下了秧苗就开始收钱。此时的沙米已非彼时的沙米,我们只需要用沙米的故事去路演就可以筹措资金,于是,我们在很多众筹平台设计了众筹模式"一亩绿洲计划",用户可以认购一亩、三亩、五亩、十亩……

"势"造起来后,我们开始将沙米从一个原生态的项目彻底打造成一个与新兴产业、高科技、绿色、有机、健康等相关的主题,将沙米打造成一个"科技+农业+互联网+金融"的组合体去全国路演,不仅在犹太商学院的企业家平台上路演,还要参加各种创业大赛,在更多商业平台上去路演。

2015年5月,沙米项目获得前腾讯高级副总裁刘成敏的天使投资。

2015年7月,沙米去参加世界互联网大会,滕飞作为创始人亲自参会并发表演讲。在准备参会的前几天,滕飞非常激动,我告诉他,你只要按照PPT将想要表达的告诉台下的人就可以了,你只要告诉台下的人,你在过去的三年里是如何在沙漠中种植出5000亩水稻,在未来的时间里,你要将这个数字变成5万、50万……。

2015年11月,沙米项目获得京东投资,对沙米来说,这是战略性规划非常重要的一步。我们非常清楚,对沙米来说,京东是大树,我告诉滕飞要主动出击,去找京东谈,与其让京东做我们的代理,还不如让京东成为我们的股东,让沙米成为他们的一部分。结果没有出乎我们的预料,京东的投资等于正面肯定了沙米项目"互联网+农业"的可行性,然而,这一切才刚刚开始,更大的布局才刚刚揭开帷幕。

尽管刘成敏和京东进来了,但力度还是不够,于是我们就在思考,在这个领域中谁是行业第一名,谁是真正的领导者,这正是当下的沙米最缺乏的。这个时候，我们的商业计划书中出现了全球沙漠绿色经济的领导者亿利资源集团。

我们开始有意识地接触亿利，果然，一碰撞就产生了火花。所以，在商业上一定要主动出击，不要被动等待，没有力借力，没有势借势，没有资源借资源，没有外脑借外脑，没有资金借资金，把未来的钱拿到现在用，这就是犹太商业思维颠覆传统思维的地方，在这个过程中，最重要的一点就是信用，这才是犹太商道的核心。信用体系是慢慢地建立的，与品牌一样。

信用体系的建立有两种途径，一种是你主动去建立，另一种是市场主动来让你建立。首先，比如我们可以利用银行的信用体系来建立我们自身的信用体系，有意识地和银行产生关系，通过借贷、还贷这种周期性的行为让自己在银行系统中积累信用度。同样，在我们与客户、朋友、同事的信用体系中，也是先从小事做起，不断地说到做到，建立起自己的信用体系，所有的奇迹都是有规划与布局的，一个人也好，一个企业也罢。所有的上市公司都不是一日建成的，都是很早以前的布局，在我们"犹太奇迹"的课程中，有一个专题专门讲解布局系统，告诉大家如何从顶层设计布局，从股权、人才、架构、系统、商业模式、融资、渠道等各个方向讲解布局之道。

对滕飞来说,和亿利的谈判充满了艰辛。滕飞告诉我,亿利的条件是可以不参与直接经营,但必须收购51%的股份,只针对重大事项拥有最终决定权。这让滕飞非常痛苦,一方面沙米的发展需要亿

利的平台、资源以及资金，另一方面，如果答应了亿利的条件，沙米还姓滕吗？还能按照滕飞的意愿继续走下去吗？

这是很多创业者在融资过程中碰到的共性问题，但是我们永远要记住，不管对方有多大，都要在一个平等的平台上，必须坚持自己的理念，坚持自己的规则，这也是犹太商人的原则之一。于是，我对滕飞说，你要永葆你的初衷，坚持你的出发点，不忘初心，方得始终。

和行业领头羊的谈判自然充满了艰辛，在亿利总裁王文彪的商业王国中，他收购的任何一家公司他都要控股，但由于滕飞的坚决与信念——我要做一家自己的公司，经过一个多月的谈判，最终亿利选择了让步。我不知道，最终滕飞是如何打赢了这场硬仗，后来他告诉我，最后一次谈判，他一个人面对亿利董事会的八个人足足谈判了一整天……

对任何创业者来说，只有永远地坚持初心，企业才会持续地发展。因为这个初心就是种子，种子是对的，种下去，不断浇水施肥，在这个过程中，如果种子的基因改变了，那么一切都随之改变。在这个世界上，任何事物都是这样的。

在犹太人的商业思维中,商业亦是一场游戏,让懂玩游戏的人来玩游戏,找最会玩游戏的人来玩游戏,让所有人都赢,让出钱的人赢,让人才赢,让搭建平台的人赢,让社会资源、消费者赢⋯⋯.

这是一个完整的生态圈、一个闭环。最高明的创业者,一定是设计游戏规则的高手。

沙米的成功

1.保护品牌；

2.永恒不变的初心使命：把沙漠变绿洲，做天然无害的良心大米；

3.造势，海、陆、空全面主动出击，互联网、媒体传媒、电视、路演等；

4.从卖米到卖地（1亩地的产量），互联网众筹；

5.整合资源、借势、借资源、借资本、股权融资。

沙米咨询项目纪实

通过案例的学习大家有启发吗？是不是发现，原来可以这样想，可以这样做。沙米的案例很经典，在哪里种大米？在沙漠里面种。沙漠里不是没水吗？沙漠可以种出大米？我告诉你，中国可种植的沙漠有6亿亩，这些都是可种植的沙漠。所以，沙漠是可以种出大米的。虽然说在沙漠里面可以种出大米，但是不管是沙漠种出的大米，还是农田种出的大米，它的本质还是大米，不过这个大米还真的不太一样。

这个做大米的企业，两年时间就做到市值8个亿，为什么？因为其创始人是用犹太思维的策略和思路去做大米。那么，我们看一看他究竟是怎么做大米的？

中国现在没有大米的强势品牌。什么是强势品牌？东北大米是不是强势品牌？五常大米是不是强势品牌？这些其实不能叫品牌，而是地域性名字。比如说东北大米，所有在东北产的大米都叫东北大米，五常大米也是地域性名字。所以，其实中国没有大米的强势品牌。但是沙米不一样，沙米现在已经注册了。

沙米的品牌创始人叫滕飞，是我们第13届"犹太奇迹"课程的企业家学员。因为他主要负责沙米品牌的整体布局和运营，所以跟我接触比较多。另外一个股东叫李绍华，与我接触较少，因为李绍华只管种沙米，他像个车间主任一样，只管蹲在沙漠里面研究怎么种稻谷。

我与滕飞相识于2015年的3月份，当时我恰巧到大庆做演讲。结果演讲完之后，滕飞就找到我说，他有一个项目，在沙漠里种大米。他第一年种了50亩，第二年种了500亩，第三年种了5000亩，全都是自己的钱。但是后来发现，再这样下去，他没有资源了，也没有这么多钱投下去了。他说，这是他一辈子的梦想，这一辈子就想把这件事情干成。他把所有的钱和精力都投在这个项目上,他想把沙漠变成绿洲,但是不知道该怎么办。后来我说,那你先来上"犹太奇迹"课程吧,于是他真的来了,并且非常认真,最后居然PK掉众多竞选者成为第13届学员的会长。

后来我们专家顾问团一起去沙漠里面做调研。当对这个项目有了充分的了解后,我们开始重新做布局、做定位。最后,现在这家公司谁投资了呢?腾讯的前副总裁刘成敏投了,京东也投了,京东现在是

《一块投吧》节目现场照片

我们的股东，还有谁呢？亿利集团，一家在主板上市、市值1000亿的公司。前段时间在深圳卫视《一块投吧》节目里，俞敏洪也投了400万元，占1%的股份，成了我们的股东。现在沙米市值8亿元，当时滕飞问我，老师，我们到底要融多少钱进来？我说你这次去融资纯粹是战略性的融资，不是要钱，而是要资源。

当时的四个投资人分别是俞敏洪、邓锋、张泉灵、林依轮，而沙米项目是唯一一个四个投资人共同抢投的项目。我跟他说，不要

《一块投吧》节目现场照片

用8亿元的估值来融资,用4亿元的估价融资,减一半,400万元融一股,看看能不能融到谁,结果最后俞敏洪抢到了这个项目。

那沙米究竟是怎样从无到有的?是这样的,从板房开始,把板房推平,然后拉棚,种秧苗,秧苗长成了,开始慢慢地维护它,然后就可以开始插秧了,之后人工拔草,压籽,慢慢地就这样把一块沙漠变成绿洲——这是一个艰难的过程。

而且,今年的15000亩稻田里,每50米有一个太阳能播放器,播放什么呢?播放佛经,让这些稻谷在成长的150多天的时间里一天24小时都听着正能量音乐长大,最后它们会被我们吃到肚子里面去,这正能量音乐对人有没有帮助?肯定有。如果你不相信正能量音乐有帮助,那么负能量音乐有没有影响?不信的话,你在家里24小时播殡仪馆的音乐试试看,看你还敢不敢回家。

所以,既然负能量音乐对人有负面影响,那么正能量音乐对人一定有帮助。去年,滕飞光买粪便就买了300多万元。其实粪便不用钱,是运费用钱多。当时我就请他承诺说不管公司是今天刚起步,还是未来做好了,以后一定保证要做良心企业,他说他一定做到。

其实沙米能做得这么好,总结来说就是做对了几个关键。当滕飞在很彷徨的时候遇到了犹太商学院，我们帮他做了一些规划。首先将沙米品牌申请注册，做品牌保护，不仅是"沙米"两个字，"沙"字我们也注册下来了。这意味着什么？这意味着以后不管谁在沙漠里面种出大米都不能叫沙米，只有我们种的大米才能叫沙米。

　　第二，做布局，也就是商业模式。买卖沙米赚差价，这是市场运作。而我们是资本运作，做估价。虽然说是种大米，但是我们挖掘了沙米的故事和使命。沙米的使命就是把沙漠变成绿洲，我们还

《一块投吧》节目现场照片

《一块投吧》节目现场照片

把品牌的故事进行无限扩大。2015年是品牌推广年,我们当时主动去找央视各大媒体,让他们到沙地去挖掘各种新闻价值点,并在央视的一套、二套免费播出半个小时。接下来,我们还在新华网等各大媒体同时推动,通过海、陆、空全面推广沙米的品牌。同时,我们在全国范围内不断做路演。刚开始滕飞不会路演,我就告诉他写商业计划书的思路,以及一些路演的技巧,他非常努力、用心,并在各种大大小小的舞台上进行路演。从大庆到哈尔滨,再到北京,慢慢从市级到省级,再到中央,最后他获得了全国路演总决赛第一名。一个人从不懂

《一块投吧》节目现场照片

上讲台讲话,最后居然能拿路演第一名,这真是一个奇迹。所以任何人都可以改变,只要你愿意学习,我相信你也会创造奇迹。

路演的时候吸引来了刘成敏,刘成敏成了我们的股东。刘成敏是腾讯的前副总裁,他曾经投过100多个项目,但是他说在那么多项目当中,最有意义的就是沙米,因为它真的能够帮助这个社会,把沙漠变成绿洲,这是件很开心的事情。后来我们又主动去找京东,但是滕飞没有信心,为什么呢?因为他认为京东很大,会看不上我们。我说你不去谈怎么知道,我们要敢想,对不对?万一去谈了,人家不答应，我们也没损失。万一人家想答应而你却没去呢？那不就损失大了。其实退一万步来说，哪怕京东不投钱，我也要让它成为股东。为什么？这叫借势，不是一定要投多少钱。所以去跟京东谈的时候，我跟滕飞反复探讨，让他提前做了很多准备。结果京东还真的答应投我们的项目，并且还投钱。所以说，专业的事情一定要让专业的人来干，滕飞用他"把沙漠变绿洲"的伟大使命把我也给整合了，就说明他会用人。老板可以不是专才，但是一定要会用人，这点很重

《一块投吧》节目现场照片

要。京东把关于对沙米的投资协议发过来后,他让我帮忙把关,我最后也帮他做了调整,并顺利签下了合同。

当刘成敏、京东都进来之后,我们发现还是不够,于是我们去找了一家在主板上市、现在市值已经1000多亿元的亿利集团,亿利集团是中国最有权威的沙漠种植公司,甚至在全世界范围内也是名列前茅,它的总裁叫王文彪,我们跟他谈了好几轮,最终他也答应投资沙米项目。

更重要的是,今年3月5号,王文彪作为全国政协常委受到习主席亲自接见。他跟习主席承诺说,未来五年再绿化一万平方公里的沙漠,精准扶贫10万人。这则新闻还上了《人民日报》的头版。这就是投资沙米的亿利集团,这也是我们的骄傲。你有没有发现,我们一直在"傍大款",在借势。造船出海不如借船出海。一定不要自己干,而是要借势、借力。

除此之外,我们还做了什么?我们还卖大米,但不是一斤一斤地卖,而是做沙米众筹。怎么众筹呢?我们一亩田一亩田地卖。一亩地分成4年的收益,按照正常的话,你将要用三四万元或四五万元来买一亩地的产量,但我们一次只收15000元。15000元给你4年的产量,按照正常是三四万元的价钱。这是第一个优惠。

第二个优惠,你可以带着一家三口或四口去沙地旅游,免费吃、免费玩以及免费住两天。

第三个优惠,就是允许你在沙漠种稻谷。就算在沙漠里面免费种树,也都要捐钱,但今天种的不是树,种的是稻谷。其实道理一样,都是为了保护地球的生态环境,贡献一分力量。

第四个优惠,你将拥有沙米公司上市的2000股原始股的购买资格。光这2000股就帮你赚回了15000元,这意味着到最后,你不用花一分钱,就免费吃了4年的大米。

后来,有的人一买就买了3亩或者5亩,甚至有的人一口气买了8亩,一亩是4年的收益,如果买了5亩呢?20年的收益。也就是说,以前卖大米是一斤一斤地卖,但我们现在一卖就卖了20年。连秧苗都还没长,我们就先收了未来20年的钱。这就是传统思维和犹太思维的区别。

去年,沙米除了卖了好几百万斤大米、众筹几千万元外,政府还给沙米项目补助了2000万元。大家的事情大家干,才能干大事;当把我的事情变成我们的事情,才能干好事。

《一块投吧》节目现场照片

要想改变企业，必须要改变思维。如果思维不变，行动不变，结果更加不会变。所以要想改变结果，必须先要改变思维。而且，要想改变，你觉得靠自己努力比较好，还是借力比较好？我认为一定要借力。不管是别人智慧的力量，还是别人团队的力量，都要借助，我觉得这点很重要。

如果今天你遇到了犹太商学院，那么你就借犹太商学院的力量。如果你不借我们的力量，那我也建议你借一个能借得到的力量,你不要什么都自己来,那样会很累,而且做不大。我真心希望大家能够想清楚自己的人生梦想。一个人不是为了赚多少钱而活着,但是一定要为了梦想而活着,你扪心自问,你这辈子到底是为什么活着,为什么一定要把自己的企业做大、做强?

沙米项目公众微信

第二篇

商业思维的盲点

要颠覆,先变革

美德鲜的"从0到1"

如何颠覆

跨界互联

美德鲜咨询项目纪实

商业思维的盲点

诺查丹马斯是公认的预言家,这个生活在16世纪的法国籍犹太人不仅预言了18世纪末法国路易十六王朝的覆灭,还预言了拿破仑的出现以及希特勒的毁灭。他的作品《诸世纪》出版了400多年仍不绝版,书中的每一篇四行诗都是预言,可以说不曾有人看到了那么真实的未来。也许直到我们生存的这个世界终结了,另一个新生世界才开始。

麻省理工学院教授奥托·夏莫在他的著作《U型理论》中提出,人们大多向过去的经验学习,然而我们能否找到一种全新的视角审视我们所生活的世界呢?所有创造性的思维都源于未来,就像一个画家,他站在画布前,正准备落笔,他的第一笔应该落在何处呢?这个时候,他一定是与未来的自己、真实的自己产生了连接。

与未来产生连接,才能获得创造力。

奥托教授的同事、学习型组织理论的奠基者彼得·圣吉在他的作品《第五项修炼》中更为直白地提出,在任何一家企业中,员工的工作只有两类,一类是反映性的,简单地说就是在组织中,任何一个环节出现了问题,都习惯性地向上级反映,久而久之,组织中大多数时间与精力都耗费在反映问题上;另一类是创造性的工作,这才是企业发展的原动力。没有创造力的企业,最终的命运只有被淘汰。

我们不可能具备诺查丹马斯那样的能力,但是我们却可以像彼得·圣吉和奥托·夏莫提出的那样,透过历史和现实的变化,分析未来的走向,可以说这是我们这个时代许多创业者能够快速成功的秘诀所在,比如阿里巴巴、小米、京东、滴滴、美团、沙米等,无一不是把握了未来的趋势。在互联网时代,初创公司要立足乃至击败传统企业,不可能在传统领域中通过改良的方式,只有靠颠覆。颠覆的力量就像原子弹,它是具有破坏性的。

1979年，苹果公司的创始人乔布斯曾造访施乐公司，他从施乐公司找到了他想要的东西，回去后乔布斯看着同伴电脑屏幕上做的那些东西，他说："我们为什么不用这个来做点新东西？这简直太伟大了！这将是一个革命性的产品！"乔布斯在施乐公司到底找到了什么，让他如此兴奋。1969年，施乐在复印机市场赚得盆满钵满，这家公司的经营理念和犹太人的财富哲学——居安思危——不谋而合，他们想要找到第二个可以替代复印机的产品。他们将全世界最优秀的计算机天才、工程师网罗在自己门下，1973年，他们就开发出首台真正意义上的个人电脑ALTO。当时的电脑市场是IBM、DEC的，施乐虽然生产出了ALTO，但却不知道如何批量生产，也不知道应该将ALTO卖给谁，于是这个原本可以颠覆世界的产品被施乐当作是"最伟大却又最失败的产品"。

直到1977年，苹果II型电脑推出后受到市场追捧，施乐才醒悟过来，自己白白浪费了4年时间。

1979年，聪明的甚至有些狡诈的乔布斯用让施乐入股正在迅速

施乐20世纪70年代推出的Alto电脑

成长中的苹果公司作为条件换取自己可以无条件参观施乐帕洛阿尔托研究中心，乔布斯早就听说这个从不对外公开的神秘中心藏着很多新技术、新产品，他如愿以偿，他看到了Smalltalk——这个融合了联网、图形界面技术和鼠标技术的"商业核武器"，这个技术领先了当时的PC足足10年。

后来发生的事情，我想各位可能都已经猜到了，乔布斯回到苹果公司后不仅命令自己的团队"山寨"Smalltalk，而且开始疯狂地挖墙脚，在他看来这一切名正言顺，用他自己的话说："如果对方是伟大的，即便我们是在偷窃，也并不可耻！"此外，那些顶尖人才也不应该被施乐公司雪藏，谁又愿意一直默默无闻地待在冰冷的实验室中自娱自乐呢？

除了乔布斯拿走的Smalltalk之外，施乐最早开发了激光打印机技术，但在这个领域商业上最成功的企业是惠普；施乐最先提出了页面描述语言Postscript，但在这个领域商业上最成功的是Adobe；施乐是以太网的发明者，但最大的受益厂商却是思科……

如今，已经创立110年的施乐经历了风风雨雨，浮浮沉沉。2016年年初，施乐最终拆分为两家公司，真是让人心生感慨。然而，和施乐诞生在同一个地方——罗彻斯特市——的柯达早在2012年就落下帷幕。柯达公司的那句口号"你只需按按钮，剩下的交给我们"可以称得上是经典营销文案，这种提供廉价相机，却慢慢地从胶卷上赚钱并牢牢地抓住用户的营销方式曾让柯达登上了发展的巅峰。

然而，也许正是站在巅峰之上、高处不胜寒的缘由让柯达不允许任何事情阻挡公司利润最高的胶卷生意，也许柯达看到了同乡施乐投资研发了大量高科技技术与产品，最终却为别人做了嫁衣，柯达将施乐的经验当作自己的教训。实际上，世界上第一台数码相机的发明者史蒂夫·撒森就是柯达的工程师，早在1975年，撒森就用当时已经有的技术发明了"无胶卷成像"技术，但对当时的柯达来说，他们想的第一件事并不是要第一时间发展这种技术、推广这种技术，而是要论证这种技术大概还能被"雪藏"多长时间，消费者还有多久才会接受这种技术。撒森的团队经过论证，提交了一份报告给柯达的高层，在报告中撒森的团队认为，这个时间也许是15年，也许是20年，也就是说，柯达还有至少15年的准备时间，但在那15年里，柯达什么都没有做。

撒森的预言并没有错，1988年，人们发明了JPEG格式和MPEG格式，到20世纪90年代初，数码相机诞生了，柯达这才真正意识到危机真的来了，可是当他们试图将传统的胶卷生意转移时，庞大的体系却紧紧地束缚住他们，让他们无法喘息。柯达先是推出了数码相机，可是他们却发现数码相机的利润远远低于原先的胶卷生意，紧接着，柯达又推出了在线相片管理服务，后来也被更为廉价的喷墨打印机取代。2012年1月，柯达这个百年企业终于宣布破产。

究竟是谁阻碍了柯达与施乐的商业思维？究竟是谁蒙住了他们的双眼？当我们的企业越来越大、越来越成功的时候，真正的对手不是别人，而是我们自己。那些我们曾经自以为豪的产品、商业模式、企业文化都因为时间的变化成为我们创新的绊脚石，向前一步，可能是万丈深渊，拒绝向前，等待我们的只有被颠覆的命运。

在犹太商学院的课堂上，我经常拿柯达和施乐的案例来讲创新，在互联网时代，不创新就等于灭亡，而且要将创新的思维深深地植入我们企业的基因中，就像哑巴卖刀一样，他喊不出来，说不出来，但他必须向用户展示他的刀，于是他只能埋头用刀将铁丝一截一截地切断，他只能通过这种硬实力向他的用户展示刀的锋利……

第二篇 颠覆

世界上顶级的企业家导师、管理学大师中的大师彼得·德鲁克曾说，企业应该保持最低的利润，如果一味追求利润最大化，将导致企业最终倒闭的命运。当我第一次看到德鲁克先生的这句话时，我也不理解，我们很多实体企业、很多创业者穷其一生追求的不就是实现企业利润的最大化吗？当时，我并不知道德鲁克先生也有犹太人的血统，11年前，也就是2005年，德鲁克先生去世时，我正苦苦求索着中国中小企业的生存、转型之路。我记得那应该是深秋了，那个晚上，我正在读德鲁克先生的《旁观者》，他在书中这样描述犹太族心理学家弗洛伊德：弗洛伊德那一代的犹太人几乎都带着复仇的情绪，企图变成德国国家主义者——不管在文化、自我认同、政治倾向等都表露无遗，没有人比弗洛伊德更强烈地认为自己是个德国人，然而，在精神分析领域，清一色都是犹太人的天下，至少没有不是犹太人血统的奥地利人和中欧人。弗洛伊德尽力在吸引他们，但等到他们真的加入进来，他却又将之排拒在外……

那个时候，几乎犹太人写的所有的书我都找来读，从商业到心理学、哲学、民俗等，但倘若不是弗洛伊德以及德鲁克在《旁观者》中专门写到犹太人的深层思想，我不会知道原来德鲁克也有犹太人的血统，不会知道他一直在用他的方式传承着犹太文化。

当我深入去阅读德鲁克先生的文章、著作时，我发现他甚至还总结出一系列独特的犹太商人关于创业与变革的思想。我将其中的四个要点整理出来，如下：

一、创新者才是唯一真实的利润的创造者，但是，创新者所创造的利润总是稍纵即逝的，创新是企业的精髓所在；

二、企业真正的宗旨是创造用户，用户是维系企业生存的基础。而想要创造更多的用户，任何企业只有两个方法：营销与变革；

三、高效的基础就是专注，而专注的第一原则就是要抛弃行将就木的过去，要立刻组织内部最有价值的资源，尤其是要将那些珍贵的人才从那些无效的领域中解放出来，投入充满机遇的未来中去。如果管理者不能摆脱过去的羁绊，也就不可能创造未来；

四、所有的组织都是有惰性的，尤其是政府部门。事实上，不变则亡，没有变革，就可能被市场淘汰。如果没有变革和调整，任何一个项目都无法长期具有生命力。

当我们用以上四条来看本篇中讲的每一个企业案例时，我们就会清晰地看到，一个百年企业的盛衰，一个新生企业的诞生，一切的一切都是必然。犹太人德鲁克善于将复杂的问题简单化，但他让我更为着迷的地方是他的思想。在他所有的著作中，我们都能看见同样一个问题：企业是什么？

今天我们选择创业，选择走一条充满了危机的道路；今天我们阅读，试图在这本《犹太奇迹》中找到一些可供参考的经验；今天我们上某位老师的课程，期望在课堂上找到新的机会，希望老师能解答我们遇到的问题。但是，你有没有想过，我们千辛万苦创造的企业究竟是什么？有人认为，企业就是一台赚钱的机器，就像柯达公司，曾经那一卷卷胶卷就像一张张美元一样，只要用户手中有柯达提供的机器，只要用户开启这台机器，钞票就源源不断地涌进柯达公司，可是今天我们又应该去哪里寻找曾经辉煌的柯达呢？时间在流动，我们身边的一切都在快速改变。

　　这个世界上再也没有犹太人德鲁克了，也许未来我们也再找不到一个像他一样的人，用最深邃的思想、最简单的语言告诉我们最朴素的道理，正如企业不是赚钱的机器，而是来满足用户的需求，倘若有一天，企业不能再满足用户的需求了，这个企业也就没有存在的理由了。

你有没有发现，我们身边的每一样产品，比如汽车、手机、电脑、电视甚至自行车、鞋子都变得越来越复杂，越来越智能化，越来越精密；你有没有发现，我们身边不断涌现出新生的企业，也不断有企业宣布破产，而这些新生的企业就像昙花一现一样，又很快消失。我常常思考，为什么会这样，对创业者来说，最恐怖的一件事情就是当我们的灵魂还没有追上脚步，当我们还没有意识到危机来临时，危机已经悬在头顶上，而我们对未来不知所措……

这几年，因马来西亚华人商会的邀请，我常常去讲"犹太商道"，我发现马来西亚的工作节奏比起我国广州、深圳、上海、北京等这些一线城市要慢一些，连车都仿佛开得慢一些，移动互联网的发展起码比中国慢了好几年，这让我想起10年前的广州，在过去的时间里，我们的生活因智能、互联网等技术一点一点地发生变化，从一开始只有文字的网页到今天只要打开一个网页就能看到各种各样的视频，互联网仿佛已经成为我们的百科全书，不仅如此，今天我们使用互联网几乎就能找到我们想要的一切，比如购物、股票、地图、酒店、电视，等等。但你有没有发现，我们逐渐已经习惯了，并对这些变化从一开始的惊奇、否定到麻木地接受。由于我的研究方向、工作本质的属性就在于反思商业与社会的本质，而马来西亚和中国这两个地方的巨大反差让我不得不警醒：我们所生活的世界，正在发生巨变。

近十年来，中国互联网经历了爆炸性的发展，在我看来，它甚至比美国、日本这些发达国家还要快速、迅猛，这和我们这个国家的整个形态有关，比如阿里巴巴的背后站着中信、国开以及博裕资本等，这种近乎野蛮成长的黄金时代造就了一个又一个商业奇迹。直到有一天，我们发现，我们无法离开支付宝，无法离开微信；直到有一天，我们发现即便是我们无心地发个牢骚，也会录入微博中。这种数字化的生活促使商业发生变革，诞生巨大的商机。我经常对犹太商学院的学员们说："当下的中国，时刻考验创业者的商业智慧，它既是最坏的时代，也是最好的时代。"

第二篇 颠覆

在谈如何用犹太商业思维来应对商业变革之前，我先讲当下社会的一个现象，现在很多中小企业主见面的第一句话都会问，你买房子了吗？然后大家再看一下周围，看一下深圳、北京、上海这些城市，房地产行业一下子火爆起来，价格也是水涨船高，我们犹太商学院合肥的学员告诉我，在合肥的滨湖开发区，原先1万元不到的房价现在一下子飙升到2万元，而且还要"托关系"才能抢到。大家冷静地想一想，合肥私营企业的职工的年平均工资大约在4万元，也就是说，要买一套100平方米的二居室需要不吃不喝50年。我相信，这些忙于抢购的朋友们都知道房价泡沫的存在，但为什么大家还要如此疯狂地抢购呢？倘若将当下的市场环境比作沙漠的话，倘若我们没有方法，没有指南针，我们就是一群迷失在沙漠中的人，我们不清楚我们的具体位置，不知道我们的方向在哪里，甚至我们丧失了目标，那么我们怎么办？只有将资金注入相对安全的房地产中去避险，但这是最好的解决方案吗？当然不是。倘若我们用犹太商业思维来分析当下的房地产市场，也许你会更加清晰地判断当下的时局。

在犹太人的商业思维中，无论在哪个领域，我们都要像一只鹰一样，用敏锐的视角不放过任何一个捕捉利润的机会。因此，无论哪里有机会，我们都要抓住它，狙击它，一种办法是短期交易，另一种办法是长线的贪婪。我们来换位思考一下，倘若我们是地产商，用犹太商业思维，我们应该怎么做呢？显然，长线的贪婪更符合我们中国的房地产市场。

我们来看一下，2015年的下半年，媒体一开始说房地产价格很高，其实从2013年到2015年是中国房地产行业的一个低谷期，除了一线城市之外，像合肥这样的城市房价并不高，那么操控媒体的人为什么要说房价高呢？原因很简单，他们要进入并控制这个市场，实际上这和他们在2014年操作中国的股票市场是一个道理，等他们在低位进来了，你就再也不会听到他们说任何话了。因此，从2015年年底到2016年的4月份，我们突然看到房价曲线地拉升。到2016年的6月份，我们看见媒体又开始不断在放风，高价地块的楼面价超过10万元，从字面上我们可以理解为某些地块的房价可以增长的空间应该是10万元以上，这个时候，那些在沙漠中四处求索的人仿佛找到了一个光明的通道，实际上当他们悄悄地退出市场时，接盘者才发现，自己原来将沙漠当成了海洋，将沙子当成了海水，更可怕的是,在一望无际的沙漠中,自己还在裸泳……

实际上这并非危言耸听,全世界最大的投资银行高盛便是一个庞大的犹太家族,外界称高盛为"泡沫制造专家",可以说在全世界的整个商业体系中,没有谁比高盛更会制造"泡沫"。

前几天,有这样一则来源于英国的新闻:中国人喜欢吃猪蹄,这让英国人找到了巨大的商机。而一则来源于美国的新闻则这样说,"猪肉指数"比手机产业更能反映中国经济的冷热。对中国人来说,猪肉很重要,猪肉价格甚至占中国消费者物价指数(CPI)的10%,但是你知道吗,早在十多年前,高盛就开始在中国养猪,更让人难以置信的是,它甚至控制了中国的猪肉市场。我们来看一下,高盛究竟是如何布局的。2005年,高盛先收购了雨润。2006年,高

雨润集团

盛收购了双汇。众所周知,双汇和雨润是中国最大的两家猪肉下游加工厂,接下来,高盛又在湖南等地收购了几十个养猪场,显然,这正是犹太商业思维中最典型的控制产业链的做法,先控制成本较低、容易介入的下游,再控制上游。试想,当一家公司控制了一个行业的全产业链时,这是一件多么恐怖的事情,也就意味着它不仅拥有最低的成本,而且可以用一个支点来撬动整个市场。我们知道,不管在哪个行业中,一个产品的价格由成本最低者决定。因此,高盛要颠覆中国的猪肉市场,它并不需要控制中国所有的猪肉相关企业,它只需要控制一条从上游到下游的产业链即可,这无疑是典型的犹太商业思维案例。

从房地产经济到猪肉经济,我试图一面从消费者(用户)角度一面从企业角度来给大家讲犹太商人是怎么做的。站在商业的角度看,只有颠覆与被颠覆、控制与失控,在商业社会体系中,充斥着原始野蛮的生存方式,考验着我们的智慧与灵魂。

现在,我们回到在互联网时代的商业变革与颠覆的话题。仔细看看我们的企业,尤其是传统的生产型企业,你会发现,其企业架构、流程都是为实现批量化而设计的,都是为了实现高效率和低成本，显然，这是最典型的工业思维。事实上，不仅是生产型企业如此，我们的服务型企业不也是这样吗？我们的餐厅、医院，甚至连学校按照专业培养出来的学生都是延续这样的工业思维，美其名曰订单化定向培养，但现在，一切都已经发生了改变。和工业思维不同的是，互联网时代的企业的创新来源于用户本身的需求，因此，经营的重心从原先的产品与批量化转移到用户和用户体验上，这就是对传统营销和传统企业经营的颠覆，显然，90%以上的企业都无法做到。

在传统的经营思维中，用户体验要作为企业成本的一项，而真正能创造价值的则是产品，那么，当我们将用户体验转化为企业利润的重心时，那么，产品就成了成本，因此，我们要转换经营策略，不能将产品当作经营的目标，而是当作达成用户终极体验中的一个环节。我相信，绝大多数创业者都无法接受这样的思维，但在互联网时代，我们的路却只能这样走。比如苹果手机，它的价值到底在于手机硬件本身，还是在于服务呢？苹果公司可以说是最成功的互联网公司之一，我们可以用苹果手机来通话、拍照、存储、支付，等等。在这里，我要讲一下我们犹太商学院平台上的另一款手

HANMAC 骑士系列

机产品，它比苹果手机的定位更高端，篮球明星姚明、著名主持人杨澜以及海派清口的周立波等人都在用这款手机，同样，它的定价也是一款最高配的苹果手机的五到六倍甚至更多，它便是第一个颠覆性地提出"拒绝流水线批量生产手机"的理念，却以独特的设计、高雅的品位、低调奢华的气质等致力于为高端人士私属订制的HANMAC手机。

其实，我们从产品的命名上就已经能判断出HANMAC的经营思想了,就像我们前面在讲沙米时讲到的一样,应该如何给大米命名?从功能上命名,在沙漠中种植出的绿色大米,因此叫沙米,同样的思路,苹果手机是用来打电话的,HANMAC是私人订制高端手机,kindle是服务于电子书阅读群体的。说得更清晰些,kindle电子阅读器只是亚马逊为用户提供的一系列服务的延伸,它代表了亚马逊的服务。

在传统的商业思维中,用户体验、服务的过程仅仅是一个流程,但事实上,流程和服务是两码事,流程指的是生产线上一个环节与下一个环节的衔接,然而,用户体验与服务却是企业与用户之间的互动。服务主导思维会颠覆一个行业的格局,因为它最终会创造出一个全新的业务模式、竞争优势,甚至整个企业的架构都会随之发生改变。

要颠覆,先要变革;要变革,先要思考。互联网企业家、去哪儿网的创始人庄辰超曾这样评价互联网企业创业者的常态:所有的忙碌都是为了躲避思考。这句话的潜台词是什么?就是互联网企业的创始人的常态就是思考,除此之外,只有忙碌。实际上,小米的创始人雷军也讲过同样的话,他说,不要用战术的勤奋隐藏战略的懒惰。你以为你做的就是全部,大公司怎么做,你就怎么做,以为做一样的事情,比别人勤奋,比别人快,就能胜出,其实往往结局却相反。

创业需要勇气,而在互联网时代创业智慧比勇气更重要。

猎豹移动公司的首席执行官傅盛讲过一句我认为非常经典的话，他说："用互联网思维，做远离互联网中心的事情。"十年前，有一个犹太朋友跟我说过同样意思的话：有的人摆个水果摊，做"一秤来，百秤走"的生意，他赚的是这来去之间的差价；有的人摆个果盘，甚至将果盘摆成一个艺术品，让人垂涎的同时，果盘的身价也翻了好几倍，他赚的便是这果盘的价值。后来，我将这水果摊的经营思维和果盘思维放进"犹太商道"的课程体系中，今天，我又将这句话放在我们这本讲犹太商业思维的书中，在这里，我再加上几句总结：

没有故事不值钱

没有布局不值钱

没有包装不值钱

犹太商学院潘伟成院长与美德鲜的创始人庄仲锐

2015年8月，广州。在犹太商学院的课后，有一个人找到我，他说，他想做一个互联网平台，想把生鲜放到网上卖，现在越来越多的人喜欢网购，这必然是未来的趋势。这个人就是美德鲜的创始人庄仲锐。在当时，我问他："你可以描述一下，你想做的平台到底是什么样的吗？"

庄总沉思了一会，他说："老师，我真的不知道，我只知道它肯定是未来的趋势，但你让我来讲这个平台的定位、我们的优势等，我真的讲不出来。如果说我们有核心竞争力的话，只能说我一直做生鲜产品实体店,在深圳有一些店面。"

从庄总这番诚恳的话中,我能体会出他心中隐藏着一个梦想,也许,这个梦想很大,正如犹太人所说的,人一旦拥有梦想和欲望,他就能感到对当下的不满足。于是,我说:"你先来上'犹太商道'的课程,之后,请你告诉我,你到底想做什么。"

后来,他来犹太商学院上完了"犹太商道"的课程,又上完了"犹太奇迹"的课程,这个时候,他就真的醒悟了。他说,他以前想做一家基业长青的企业,可是,现在已经越来越鲜有一家基业长青的企业了,因为当下的商业体系进入了一个颠覆与自我颠覆的时代。他现在想做的,就是颠覆他之前做的实体店生意。对老百姓来说,最大的食品问题就是安全问题,其次,就是信息不对称,农户的产品滞销,烂在地里,而消费者却买不到。因此,他现在要做的只有一件事情,就是希望每一个中国家庭都能吃上健康的农产品,同时帮助那些农户解决他们的产品销路问题。

2014年,犹太商学院曾为一个竹制地板企业做咨询,为此,我们对地板消费群体进行研究,发现用户在选择竹制地板时最常问的三个问题分别是:万一进水了,会不会鼓起来?竹制地板的平整度如何？能用几年？这些问题看起来很平常，但实际上，这才是用户真正关心的。因此，当我们用互联网思维来颠覆传统行业的时候，我们就要想一个问题，用户的需求到底在哪里？找到了真正的需求，就找到了故事的源头，也就找到了入口。

我常常在反思，为什么这么多企业信任犹太商学院，让我们全程来帮他们做咨询、做营销，正如美德鲜的庄总，他为什么从一开始仅仅有一个念头到后来近乎迅速地决定和犹太商学院一起推出美德鲜平台？创业本身就需要巨大的勇气，更何况犹太商学院的平台上几乎都是连续创业者与在某个领域成功的企业家。我想来想去，用三个字来形容：接地气！我们做的所有的咨询、所有的方案都建立在对市场的深度理解的基础上，用犹太商业思维来洞察这个市场，我常常跟项目组的负责人说，在这个过程中，我们必须保持头脑的冷静，因为市场就像一片深不见底的大海，有很多看起来是机会但实际上是真正的危机，也有很多看起来是危机但却是最好的机遇。

在创办犹太商学院之前，在企业培训行业，我曾从一名底层的业务员做到连续多年业绩第一名，真正帮助了上千名中小企业主，但也正是因为这样的缘由，我发现，中国的创业者是这个世界上最

犹太商学院潘伟成院长与美德鲜的创始人庄仲锐

勤劳、最坚强同时也是最辛苦的人,同时,也是最缺乏商业思维的群体。有一天,我在一本书中读到下面这段文字:

你是否诚实地工作着?

你是否腾出时间用于学习?

你是否努力地自救?

你是否求索着智慧?

你是否深入探求事物的本质?

这段文字中的每一句话都深深地叩问着我，让我去寻找那把解开心中疑惑的钥匙。人究竟为什么而活？如果说进入企业培训行业第一次改变了我的命运，那么，向犹太人学习为商之道，并将这种顶级的商业智慧传播给创业者们让我真正体会到生命的意义。

当美德鲜的创始人庄仲锐第一次跟我说他是做农产品的时候，我告诉他，这个我还真的比较有话语权。1.0版本的农产品交易是在传统的农贸市场，特点是价格低廉，产品新鲜，但环境差。那么，2.0版本的农产品交易是在超市，尽管环境好了，但价格高，而且产品的新鲜度难以保障。我们将美德鲜要做的农产品交易平台定义为3.0版本，因为只要在手机中下订单，就可以一键解决所有问题。

一个新的商业模式要颠覆过去的商业模式，首先要做好三点：第一，痛点；第二，需求；第三，价值。简单地说，就是挖掘用户的痛点，了解用户的需求，最后，为用户提供最大的价值。

前面我们讲到了竹制地板用户的痛点在于鼓包、时限和平整度，那么，对美德鲜来说，其一，消费者的痛点在哪里呢？环境、价格、安全度等；其二，农户的痛点在哪里？农户与消费者的信息不对称的问题；其三，传统农贸市场、超市、实体店的痛点在哪里？宣传、推广与销量的问题。因此，美德鲜要搭建的平台就是解决三方的痛点。

此外，农贸产品作为电商平台最后一块肥肉，其关注度实际上从2014年就开始了，各大电商巨头都在抢滩这块蛋糕，京东、亚马逊、天猫、一号店等综合型传统电商平台强势进军，中粮我买网、顺丰优选利用自身的优势横空出世，同时，本来生活、天天果园等垂直型的生鲜电商平台也备受资本市场关注，随后，更有一些创业者开始尝试农贸蔬菜市场，如新味、绵绵生活、蔬菜配达、青年菜君等。

尽管各路人马都看到了趋势，但是实际上，农贸生鲜产品的线上普及率还不到30%，也就是说，这是一块真正的蓝海市场。然而，农贸生鲜产品本身却面临比其他产品更高的运营成本，其主要成本来自冷链物流，如果按照传统的商业思维，每家电商平台都要解决自身的高运营成本与消费者的"物美价廉"的预期平衡，实际上，这也是当下各大平台最大的痛点，因此，在这方面现在做得最好的天猫的主推产品是利润最高的进口生鲜产品。

为降低配送成本，一些电商平台开始在社区建自提点，通过让消费者自己提货的方式来取代人力配送，并将其命名为"最后一公里",但据犹太商学院项目组的调研,就目前的状况来看,很多自提柜并没有起到真正的作用,这"最后一公里"仍然是一个巨大的障碍。在北京,很多社区门口的自提柜从一开始进驻到现在仅仅成为一个"摆设",单纯从商业上看,具备配送到家优势的京东和顺丰优选已经在物流配送领域积累了多年,而其他电商短期内只能将这"最后一公里"转嫁到消费者身上。

从电商巨头和各路投行的追捧中都能看到农贸生鲜产品的业务形态已经受到了资本市场的认可。麦肯锡在2015年的报告中指出,在购买次数上,农贸生鲜产品已经在实物类产品中排名第二,需求已经非常明显,但农贸生鲜产品显然还没有真正地迎来春天。从目前来看,传统的电商平台在这一版块上依然处于亏损状态。

实际上,这和我们在前面讲到的犹太财团高盛控制中国猪肉市场有些相似,做农贸生鲜产品其实是一门从上游渗透到终端的生意,最大的难点在于如何控制物流成本,提高配送体验。目前,大家都还在摸索中。

那么,美德鲜应该如何快速进入农贸生鲜平台呢?正如美德鲜创始人庄仲锐所说的,一开始仅仅是一个念头、一个想法而已。但任何一个成功的商业行为不都是源于一个念头吗？倘若我们一开始就充满畏惧，认为像京东、天猫、中粮这些巨头都已经强势进入这个领域了，倘若我们这么想，那么我们无论做什么、怎么做都毫无胜算。

在《犹太法典》中有这样一段话：人必须打破常规，才能进步。换句话说，你在我心目中有很高的地位，但我走的路并非是你走过的路。我认为，这不仅是犹太商人成功的秘密，也是互联网时代创业的本源所在，这个时代商业思维的精髓在于保持个体思想的独立，它是生命不息、奋斗不止的源泉，它是颠覆与自我颠覆的源泉。

不论哪个行业、哪个领域，市场从来都不是铁板一块，越看起来成熟的市场，里面越是隐藏着真正的机遇；越难进入的领域，只要进入了，就越能获得巨大的成功。关键在于你能否找到入口、用哪种方式进入以及如何快速抢占市场空白点。

在商业形态中，由于任何一个单独的个体都无法孤立存在整个商业体系中，这就注定了企业与企业之间、用户与企业之间产生对立，而这种对立恰恰造就了巨大的成长机会，有对立就有解决方案，有解决方案就有机会。对美德鲜来说，要进入农贸生鲜市场，一开始看似处处都有"地雷",周围都是强大的对手,但实际上,对任何企业而言,最好的竞争就是颠覆。

我们可以做个总结:美德鲜首先要找到整个农贸生鲜行业真正的痛点;找到痛点的目的在于找到解决方案;找到解决方案的目的在于获取利益。要记住,在犹太商业思维中,最高的境界并非解决痛点,而是制造痛点。

庄仲锐带着美德鲜的梦想找到我来做策划,正是因为我们的思维和传统的策划公司完全不同。当我们发现我们一无人才、二无品牌、三无投资人时,我们需要做以下四件事,一、找好定位。二、明确使命与愿望。三、做好布局,设计商业模式。四、整合资源、人才。我们做的第一件事情就是造势,有了势,才能吸引人才,吸引合作伙伴,吸引投资人,有了这些人,我们才能整合资源。当我们明确了这个方向后,我们马上做了一场千人峰会——美德鲜平台上线仪式,峰会的主题是"美德鲜——生态农产品的京东",打造生产者、消费者、销售者、合作者的共赢平台。

这一场峰会吸引了很多人,政府部门、农产品产业链上的相关企业、农户、投资人,等等。当我们将我们的愿景、梦想告诉别人

时，我们才能吸引比我们专业的人，美德鲜的技术团队、推广团队，这些人才都是被吸引过来的，比如一号店负责某生鲜产品的项目负责人，还有一个18个人的团队整体加入美德鲜。这些人才与团队加入美德鲜的原因在哪里呢？就在于美德鲜创始人的格局、愿景以及"势"。在犹太商业思维中，真正的秘密在于它的以人为本。在很多媒体上都充斥着犹太人的经商天分的故事，但犹太商人究竟是如何组建初创团队的事迹却少之又少。大家往往忽略了这一条，即犹太商人的成功来源于企业、创始人与员工之间建立的关系。请记住,关系这个词非常重要。管理学大师德鲁克曾经有这样的总结:"有两句名言可以概括出'组织的关系'。一句写在卡耐基先生的墓碑上:'这里长眠着一个人,一个知道如何招募到比他更强的人来为他服务的人。'另一句则是:'重要的是能够做什么,而不是不能够做什么。'"其次,在犹太商业思维中,获取利润并非最终目的,最终目的是为了推动某个领域的发展进程。这一点非常重要,美德鲜和众多农产品电商平台最大的区别在于知道自己到底在做什么;第三,激发每一个人巨大的创造力,创造力比资本更重要。

我们不仅要洞察消费者、市场,还要站在更高的角度,针对合作伙伴、团队、投资人等方面,了解他们的需求、他们的痛点,只有这样,才能做到单点突破,对初创企业来说,最好的方式就是造势,它能帮助企业快速建立竞争优势,只要占据一方面的优势,就有可能取得明显的成功。

如何颠覆

有位犹太朋友来犹太商学院考察，他和我分享了一个在以色列民间传播多年的寓言。有个人想知道天空是从哪里开始的，为了寻找答案，他一路往东。他遇到一只蚂蚁，蚂蚁告诉他，天空是从你鞋底那么高的地方开始的。他遇到一只羊，羊告诉他，天空是从草原消失的地方开始的。最后，他问牧羊的老人，老人告诉他，你不用再去寻找，也不用再问别人，天空就从你的脚下开始。这位犹太朋友告诉我，他们认为，世界开始于每一个人，我想这句话适用于每一位创业者，通往成功的路就在我们的脚下。

要想成为一个真正的创业者，你必须做好掉进万丈深渊的准备。有时候，你跳下去之后才发现，原来自己根本没有带降落伞。在创办犹太商学院的过程中，我看过太多太多的创业者将创业当作是冒险，他们却没有准备任何安全措施，我想，我的使命并不是通过多出版几本书或者在课堂上多给创业者们一些忠告，因为任何一次创业都是试错，只有从错误、失败中汲取的经验才是真正有价值的，因此，我要做的是竭尽全力伸出双手，为创业者在通往成功的路上提供更多的安全保障。

1. 如何讲故事："俗"的真诚

2015年10月23日，在美德鲜平台上线仪式的千人峰会上，庄仲锐发表了一个名为《我有一个梦》的主题演说："健康是一切的根源，梦想让我们每天都充满激情，责任与使命让我们大步前行！我有一个梦，在我们共同的努力下，让每一位中国人都能自豪和骄傲地吃上健康的生态食品；我有一个梦，让世界对中国食品刮目相看，让世界认可中国人对健康的无限热爱！我有一个梦，让世界的每个角落充满爱与正能量！我有一个梦，让中国的天更蓝，水更绿，人民更健康长寿！我有一个梦，让美德鲜生态农业遍布全球，服务更多人群！爱让自私变成无私，放下小我，成就大我；让社会健康和谐发展，走向共赢！晨光会穿透所有的绝望，愉悦会带走所有的倦怠，信赖会取代所有的欺骗，健康幸福会弥漫整个生命之旅……在所有人的共同努力、共同付出、共同拼搏下，终有一天，每个基地都带着爱、良知、责任以及使命，为国家的繁荣昌盛贡献一分力量！这就是我的梦，我的中国梦，我们一定会梦想成真！感恩每位家人！"

对创业者来说，究竟什么是梦想？在我看来，在实现梦想的过程中不在于你向社会索取了多少，而是你向社会奉献了多少；不在于你在实现梦想的过程中赚了多少钱，而在于你付出了多少；不在于让自己幸福，而在于帮助了多少人。对创业者来说，所谓的梦想，就在于能否最大限度地挖掘出自己的潜能，并能够超越自己狭隘的、简单的、物质的欲望，上升到一种永恒的道德与精神追求，从而去修复这个并不完美的世界。倘若做到了这些，我相信我们的成功一定是可持续的，对走过的路一定是不悔的。

也许有人会说，原本就是一个非常高大上的项目，而且做的是现在国家提倡的绿色环保农产品，又是"互联网+"、众筹、五网合一……仅仅靠概念就已经吸引很多眼球了，在千人峰会上，我们完全没有必要像罗永浩做锤子手机一样玩"情怀"、谈"梦想"，这难免有些"俗"，但这恰恰就是我们需要表达的地方，当然我说的

"俗"并不是"恶俗",而是接地气的"俗"、能获得目标群体认同的"俗"。

当一个做传统生鲜产品、实体门店生意的老板站出来要做"互联网+",要做生态农产品的"京东",如果他的梦想不够"俗",不够接地气,试想,又有几个人能相信呢?更何谈造势了。

在营销界,我最欣赏的"俗"的典型案例就是脑白金的广告——今年过年不收礼,送礼只送脑白金——这种"俗"和中国传统礼节文化深深地结合在一起,体现了策划团队对市场深刻的认识与理解。当然,也正是这种"俗"让巨人集团再次站起来。

尽管在这个时代谈梦想显得有些"俗",但这种"俗"一定要建立在真诚、不加掩饰的基础上,是创始人对消费者、对产品发自内心的尊重,而消费者对这种尊重的回报自然是买单。举个例子,为什么春晚少了赵本山就少了半壁江山?我想不管是在营销界还是在小品界应该没有几个人比赵本山还会讲故事,那么,为什么赵本山在老百姓心目中的地位如此高呢?用赵本山自己的话说:"我的艺术生命是人民给的,我的创作来源于普通的东北乡间,我就是个农民,离开人民我什么都不是。"我认为,这段话可以作为营销界教科书文案典范了。正因为这样,我们在《我有一个梦》中,讲到了"让每一位中国人都能自豪和骄傲地吃上健康的生态食品"与"让中国的天更蓝,水更绿,人民更健康长寿"这些普遍的心理。我反对那些用华丽的词语堆砌的"文学性"的发言稿,一切要实事求是。

请记住,这是一个碎片化时代,我们每天都被各种营销轰炸,如何能让自己在三秒钟之内被人记住就变得非常重要。因此,在峰会上,美德鲜要造势,就要用对方的思考方式来与对方沟通,来讲美德鲜的故事。因此,在开篇,美德鲜就提出了农产品电商在全国有3.8万亿的"蛋糕"可以做,但目前这个市场才刚刚开始,在未来的两年时间内,将呈现出爆炸性的增长。我们将美德鲜的使命提炼成一句话:让每个人都吃上健康的农产品。而我们怎么才能实现这样的目标呢,通过以下四点:

第一,打通全国供销渠道,要"三保三公",即美德鲜是保增长、保收益、保发展和公平、公正、公开的大平台;

第二,用"互联网+"实现上、中、下游产业链无缝连接;

第三,实现农产品从产地到餐桌的直接供应,保证健康、安全;

第四,取得政府支持。

在这里，我们要搞明白，我们总结的目标其实并不复杂，无非就是说给谁听、说什么、怎么说。尤其是在项目刚开始启动的时候，你一定要搞明白，你的故事要讲给谁听，故事讲完了，你要告诉他，如何将故事变成真实的事情。将究竟说给谁听的问题厘清了，说什么和怎么说就变得简单多了。显然，美德鲜的故事不是说给普通消费者听的，而是说给我们需要整合的资源，包括人才、农产品供应链相关企业、政府部门等听的。

2. 怎么布局？

中国的市场很大，但竞争激烈。创业最重要的是永远迎着机遇而上，但绝对不是"明知山有虎，偏向虎山行"，而是绕开困难走。但美德鲜能绕开天猫、京东、我买网这些巨头吗？这就要看我们如何来布局了，通过布局让美德鲜值钱，这里就要用到犹太商业思维中的三大板块：

1. 整合思维
2. 善借思维
3. 布局思维

首先，怎么整合？美德鲜先是打出了"亿人工程"、"万店计划"、"千块基地"、"百年传承"为终极目标的旗号，那么，什么样的平台才能孵化如此庞大的工程呢？谁最需要这样的平台呢？显然，这个入口就是我们需要整合的资源。那么，如何才能找到这样的入口并进行有效整合呢？在犹太商学院的课程体系中，我明确提出可以按照以下四个流程来及时跟进：

1. 定目标；
2. 我们要匹配哪些资源；
3. 我们要的资源在哪里；
4. 用哪种方法整合我们所需要的资源。

当我们打出"万店计划"时，在第一次峰会上就已经吸引了很多实体店加盟，那么，怎样才能快速实现一万家实体店加盟到美德鲜的平台上来呢？这就需要我们匹配相应的资源，找到引爆点。在犹太商业思维中，这是非常重要的一点。如果有了引爆点，我们就可以事半功倍，实现倍增；反之，如果没有，完全靠我们自己的力量去做，在这个时代，几乎不可能实现。比如滴滴打车的项目，他们找到了"共享经济"的引爆点，让司机们不仅主动而且疯狂地刷单、推广，但倘若滴滴公司完全靠自己去烧钱，恐怕根本无法承担如此庞大的推广费用。

那么，"万店计划"的引爆点在哪里？我们要的资源在哪里？我们开展头脑风暴，最终定下来找政府部门牵头来做。只有拉动政府支持，所有的问题都能迎刃而解。

也许有人会说，凭什么你能整合政府资源，实际上，这并非一日之功，很多人看到一些成功的企业总能左右逢源、如鱼得水，却没有看到这些资源都来源于平时不断地"善借"与"布局"。在这里，我讲一个在犹太商人中广泛传播的段子：一个庄园的主人要离开家园，临行前，他交给他最忠心的三个仆人每个人10块金币，让仆人们自己去谋生。数年后，主人回来了，第一个仆人交给主人20块金币，于是，主人便交给他10座庄园让他管理；第二个仆人交上来14块金币，于是，主人便交给他4座庄园；第三个仆人说自己一直守着主人的庄园，那10块金币他一块都没有动，于是主人让他将那10块金币交回来，赏赐给了第一个仆人。主人说："凡是少的，就连他原有的，也要夺过来；凡是多的，还要再给他，叫他多多益善。"

你明白这个段子中真正隐藏的商业真谛了吗？所有的创业型公司都缺乏资源，但如果我们不去整合资源，不去借资源，不去布局，资源只会越来越少；相反，倘若我们一开始就布局，主动出击，我们所需要的资源就会越来越集中。如果你缺乏资源，你就来犹太商学院，在这个平台上，你几乎能找到你想要的所有资源。

显然，我们整合资源的本质在于我们到底能为对方创造怎样的

价值。当我们了解到广东省农业厅有一个广东省菜篮子工程基地职工社区项目时,我们知道,这就是我们想要的关键支点型资源,它不仅能直接撬动我们的"万店计划",还能带动我们的"千块基地"。我们了解到,广东省农业厅已经找了很多供应商,也过滤了很多农产品,在他们的计划中,也包括和我们一样的开线下店和做农产品基地,只不过没有万店和千块基地这么多,因为他们根本没有匹配能支撑万店和千块基地的平台和人才以及资金,当时,他们对我们的要求是一年开50家地面店而已,这个数字对美德鲜来说手到擒来,仅仅在美德鲜平台上线的峰会上,和美德鲜签订合作协议的每个合作伙伴都有几十家实体店，但这些实体店缺乏什么呢？大家参差不齐，有的缺稳定的货源，有的缺持续发展的资金。当我们将菜篮子工程项目和下游的实体店整合到美德鲜的平台上，这些问题都迎刃而解了，这便是"三赢"的整合。你看，这就是典型的犹太商业思维中的善于布局、主动出击，你不走出去，资源又怎么会主动来找你呢？

3. "包装"的本质是将自己的商业计划清晰地展示出来

犹太商业思维第三条：没有包装不值钱。怎么理解这句话？在我看来，商业包装的本质就是产品，怎么包装就是怎么做产品。美德鲜要发动线下店主动合作，要整合政府资源、农产品生产商资源，就需要有鲜明的包装。举个例子，要发动革命，怎么发动人民的力量？怎么获取海外的支持？倘若你站在台上向工人群体、农民群体呼喊：四万万同胞，跟着苏维埃！他们能接收到你的信号吗？他们知道苏维埃是谁吗？那么，毛主席出来讲，"打土豪，分田地"，大家一下子就明白过来了，这些才是和他们切身利益相关的东西。

那么，美德鲜对消费者的口号是什么？不是说我要做一家多么伟大的企业,也不是说我能交多少税,解决多少人的就业,就简单的一句话:"让每一位中国人都能自豪和骄傲地吃上健康的生态食品。"这句话人人都懂,因为现在环境污染问题太严重了,食品安全问题太严重了。美德鲜对政府部门的口号是什么?美德鲜要开一万家店,要做一千个生产基地,不仅帮助政府解决了从产到销的问题,而且帮助政府解决了从生产基地到老百姓饭桌上的直通车的民生问题。美德鲜对线下实体店合伙人的口号是什么呢?四个字——"三保三公",即美德鲜是保增长、保收益、保发展和公平、公正、公开的大平台。说白了,就是你们现在单干不赚钱,以后我们大家一起抱团干一起分钱。

我们做商业包装到底包装什么?实际上,商业包装的真正价值是设计好一个商业模式,设计好一句话,说给别人听。

了解用户的痛点,了解他们的需求,应该怎么给他们创造价值,我们的优势是什么,我们和竞争对手的区别在哪里,这些问题我们要搞清楚。正因为美德鲜有这样的使命,有这样的格局,所以吸引了政府资源,以及社会上一些各方面的优势资源,之后,我们开始造势、包装,此外,便是进行推动了。如何推动?其实很简单,就是找到引爆点。这些原则和方法,在前面的章节中已经反复讲过,这里就不再重复了。

第二篇　颠覆

我们都觉得自己能掌握自己的命运，没有人喜欢别人对自己的生活指指点点，尤其是当下的90后员工，因此，如果我们用传统的思维来管理现在的员工，他们自然会反抗。在创业的过程中，创始人的胸怀、格局、思维的转变是最重要的。请记住，阻碍我们的不是项目本身，让人才流失的不是工资，而是创始人的思维。思维不变，一切心血都是白费。

在我看来，美德鲜的掌舵人庄仲锐是一个个性鲜明的潮汕商人，他只要下定决心做一件事，就会全力以赴，以最快的速度、最高的效率去完成。也正是庄总的敢想、敢干、敢于拼搏的原因，在美德鲜上线的千人峰会上，犹太商学院和他签订了股权协议书，现在，犹太商学院也是美德鲜的股东。庄总将犹太商学院稳稳地"绑"在美德鲜的平台上，成为美德鲜的智囊团。我在"犹太商道"的课程上曾多次强调创业者要"敢于花未来的钱",庄总学会后马上就用在美德鲜的管理上,用在和犹太商学院的合作上。

在我们刚刚开始推出美德鲜平台时,庄总最大的问题是很难真正转换自己的思维,我们发现,在很多事情的处理上,他还在延续自己的传统思维,这是非常恐怖的事情,几乎所有的传统企业转型线上平台都在这里吃了亏。我对他说,我们做互联网平台,首先要稳稳地抓住四个其最基本的特征:

1. 速度
2. 规模
3. 黏性
4. 超级体验

传统企业用一板一眼的招式很难在互联网时代和用户对话,打个不恰当的比方,当一个企业用一个丈母娘看待上门女婿的眼光来看待用户时,用户全身都是毛病;但当你转换思路,用看情人的眼光来和用户交流,那么,用户所有的诉求都是可爱的,这就是第四点——打造用户超级体验的最基本的要素。

在互联网时代,最容易的事情是找到你的用户,但是你知道吗,在互联网企业的营销上,最难的事情也是找到你的用户并与之深度连接。只有与你的用户产生连接,你才能知道他的需求,才能找到满足他的方法,才能真正掌握主导权。很多新生的平台都指望从别的平台上导入流量,试想,倘若一个平台的流量可以导入给你,而它对别的平台同样是共享的,这样的流量还有最初的商业价值吗?因此,你有没有发现,那些成功的电商平台都在做同一件事情——卡位。这个卡位并不是要卡住某一个地理位置,而是要卡住自己在用户心中的位置。举个例子,美德鲜的终端用户如果第一次在APP上无法下单,那么下次,他还会再来使用这个APP吗?因此,在让他有美好体验的同时,我们还要设计一个整体的免费模式,只要用户在APP上与我们产生互动,用户就可以获得积分或者获得一次免费的机会。通过这种不断的互动,实现与用户的供需匹配,这就是我讲的互联网平台的黏性。

对互联网平台来说,掌握了与用户产生连接的机会却不采集收据,这恐怕是最愚蠢的行为,等于你的隔壁住着一个单身美女,你每天都能看见她,她甚至主动给你她的微信账号、手机号码,但你却视而不见。传统企业走到线上,一种就是利用成熟的平台,比如阿里、百度等利用企业的系统将业务数据化;另一种就是像美德鲜这样,利用自己的系统将业务数据化。未来一切都是数据化的,谁掌握了数据,谁就掌控了天下。在拥有了这些可视、可分析的数据后,我们要做的就是利用我们的资源为用户提供独一无二的体验。现在美德鲜无法和天猫、京东这些大体量的巨头相比,但美德鲜却可以将自己所有的资源集中在一个点上。

很多传统企业很有意思,他们依然固守在自己的一片小天地中,在犹太商学院的课堂上,我常常跟大家开玩笑,说这些人就像是晚清时候的皇帝,以为闭上自己的眼睛、塞住自己的耳朵就可以真的看不见、听不见,就可以守住自己的天下。

360的掌舵人周鸿祎有段话总结得非常经典:一个企业做成功了,它成功的东西就塑造了它的基因。你天天跟海里的鲨鱼说如何到荒原上和一个豹子打一仗,这是鲨鱼研究不通的事情。

事实上,当下已经没有哪个行业没有互联网化,我相信,未来一切都将互联网化,我们的企业、组织、家庭、个体都无法抵挡这个时代的洪流。因此,在这里,我想对所有的读者朋友,尤其是在传统行业中的企业家朋友们说,要有一个良好的心态,要敢于否定自己曾经的辉煌或现在的成功,仔细看一看,你的周围到底发生了什么。

在这里,我分享一个传统企业的案例,大家都知道耐克是一个做运动服装的传统企业,但他们早在2013年就推出了"NIKE+",在这个平台刚刚推出时,他们打出的广告语是"用数据激发表现"。也就是说,早在2013年,耐克这家服饰公司就知道运动数据能激励用户,因此,通过"NIKE+"将运动和生活连接在同一个平台。试想,当一个爱运动的人,如果他每天都能收集自己的运动

数据，那么，他的爱好与兴趣很容易被激发出来。有了这些数据，"NIKE+"能做什么？健身计划、健康管理……耐克似乎已经转型为一家服务提供商。当耐克开始用互联网思维做企业时，他做的一定不是2013年，而是未来，而那个时候，国内的同类企业中有几家看懂了呢？同样，今天，美德鲜从线下传统实体店转型到线上"五网合一"的大平台，美德鲜的"万店计划"、"千块基地"，你看懂了吗？

美德鲜咨询项目纪实

美德鲜,一个从0到1的新生企业,究竟是如何无中生有、借鸡生蛋,在短短八个月内就做到市值两亿元?市值两亿元,指的不是现金,也不是销售额,销售额当然远不止两个亿。

在美德鲜项目尚未启动前,创始人庄仲锐一直经营着蔬菜、水果的生意,其生鲜大超市的店面规模大概为2000至3000平方米。2008年以前,我们曾帮助他的几百名员工做团队凝聚力、销售、管理等方面的培训;后来,他一直做自己的事情,我们逐渐很少联系。直到2015年,他给我打电话说他最近想做一个生态农产品的互联网新项目,我问他打算怎么做,优势是什么?特点是什么?亮点是什么？核心竞争力是什么？结果，他一问三不知。

于是，我跟他说你先来广州上我的"犹太商道"这门课程吧，结果他跟爱人一起来，因为他爱人是他公司的股东。他说如果只有我来，而我爱人不来的话，大家的思想不同频，容易产生矛盾，所以就夫妻同修一起来上课了。他们两个人非常努力和认真，结果他们的小组获得了总冠军。

上完"犹太商道"课程后，他非常兴奋，他的思维开始转变，意识到原来有些事情还可以这样去做，于是，他们夫妻俩毫不犹豫一起报名了四天三夜的"犹太奇迹"课程。

结果，刚上完第一天课程，他就决定聘请我当他们公司的咨询顾问。我觉得他的公司刚刚形成雏形，现阶段不适合聘请我做咨询，于是拒绝了他们，他却说他现在是白纸一张，刚好适合从零打造整个资本的运作，这样的效果是最好的，我最终还是没同意。但是他没有放弃，他偷偷地去找我的咨询团队谈，并用他的梦想和决心感动了他们，结果咨询团队答应了。

记住，再好的项目，如果创办人没有决心，都做不成。所以看

第二篇　颠覆

项目之前一定要先看什么？先看人。人要有梦想、有格局、有决心。再好的项目，如果你没有决心，没有魄力，我肯定碰都不碰。因为我知道，不是我厉害，也不是我们团队厉害，做成一件事必须要靠大家相互的配合。我们给你思路、方向、策略、方案，你就要落地执行，而不是等着我去帮你落地。

最后，究竟是什么真正打动了我呢？是他的使命感，他说他想搭建一个大平台，要让13亿的中国人都能吃上健康的生态农产品，正是他的这个崇高的使命感动了我。我们现在在做的"一口莓"项目就是想要盘活东北地区的资源。李克强总理前段时间曾到东北地区调研，东北地区是一块富饶之地，有非常多宝贵的资源，可惜没有盘活起来。等把蓝莓产品真正做起来后，就能够再一次点燃东北地区的经济。这就是梦想，这就是大格局。

做事情一定要站在制高点，站在梦想的高度去引领你的使命。当你的格局够了，你的使命有了，你的梦想大了，你才会吸引更多志同道合者与你一起打拼。用目标吸引的只是打工者，用梦想、使命吸引的都是合作者，所以，到底是吸引打工者还是吸引合作者，

这需要你自己去决定。

后来我和咨询顾问团队去他公司做调研时才发现,他公司的办公室居然都是借来的,因为他的公司在惠州,所以深圳的这个办公室只是他们借来做展示而已,他自己的办公室还在装修,公司品牌也没注册。我当时觉得起码得两三个月所有的事才能弄完。结果他跟我说不用,给他一个月就够了。我们都认为不可能。结果不到一个月,才22天,他居然跟我说公司的办公室已经装修完毕了。我过去一看，真的已经装修好了，只用22天干了别人两三个月的活。我问他到底怎么做到的，他说我们不断赶工，加班加点，叫了三拨人，24小时开工。我看出这个人的执行力非常强。

于是，我们开始正式为这个项目做规划，开始研究怎么样推动。项目的名字叫美德鲜，是一个生态农产品互联网的平台。拿到一个新的项目之后该怎么办呢？我一般不会说我要做什么，因为我不懂。庄仲锐也不懂互联网，他连电脑都不算熟，但是，他却把美德鲜干得风风火火。记住，老板不是专项人才，但一定得会做布局，这点很重要。

我们先为这个项目找定位。很多人都在互联网上卖水果、卖生鲜，京东也在卖，大家都在卖。那我们要怎么做才能跟别人不同呢？我们首先要找到定位，然后借势，因为我们是家新公司，人家不了解我们，所以我们一定要借势。借什么势呢？借京东的势。京东大家都知道，但是我们是做京东里面的生态农产品，这个就是我们的定位。京东类似于沃尔玛，是百货公司，而我们是专卖店，这就是区别。所以，我们还是有机会的。

那么，我们的使命是什么呢？我们的使命是让每一位中国人都能吃上健康的生态农产品。为什么要把使命、梦想抬到最高点呢？因为如果没有伟大的格局和梦想，就吸引不了好的人才。

马云的成功，离不开他背后的能人蔡崇信。蔡崇信当年年薪70万美金，却被马云500块钱一个月"忽悠"过去了。你知道马云为什么能吸引蔡崇信？其实就是用他的梦想、他的使命。马云当时跟蔡崇信说他们未来会做到什么样子，但具体怎么做，他也不知道。马云又跟蔡崇信说很希望大家一起来打江山，大家一起来做吧。所以蔡崇信决定要去帮马云，因为这个事情，蔡崇信的老婆还跟他闹离婚。我们恐怕和他老婆的态度差不多，年薪70万美金的工作不要了，却跑去做拿500块钱一个月的工作，像神经病一样。但蔡崇信说："我发现马云这个人虽然话说得有点大，但是我还是相信他会成就一番事业。"你看，马云是用什么吸引到了蔡崇信？用梦想。

乔布斯又是怎么吸引到原可口可乐公司总裁去帮他工作的？乔布斯只问了他一个问题，他说："你是想卖一辈子的糖水，还是想要一起来改变世界？"那个原可口可乐公司的总裁肯定想要改变这个世界啊。所以，他毫不犹豫就加入了苹果公司。乔布斯有一个口号非常著名，叫作"活着就要改变这个世界"。所以他是用什么吸引别人？梦想，他是用他的使命去吸引别人。所以，你的梦想是什么？

有了定位、使命和梦想之后我们要做布局。布什么局？我们要做商业模式的布局、平台的布局、市场的布局、合作模式的布局。做布局是为了打造一个平台。那我们的平台是做什么呢？我们要把什么绑在一起，也就是说我们要整合什么？我们要做的就是这样一个把基地、农民、商家、消费者捆绑在一起、实现共赢的平台。

任何企业要想做好，一定要做到以下几点：第一点，挖掘客户的痛点；第二点，了解客户的需求；第三点，给予客户最大的价值。关键词就是"痛点、需求和价值"。没有痛点就没有需求，而没有什么需求你是满足不了、做不到的。不管是干餐饮业，还是做政府服务，你都要站在客户的角度去想痛点是什么，找到痛点之后你才会知道如何帮客户解决他们的需求。

第一点，我们去买菜、买肉时的痛点是什么？农民种水果蔬菜，他们有没有痛点？有没有很多农民种了东西却卖不出去？比如北方的农民种了苹果，种了大枣，却卖不出去，都烂在地里了。农民那么辛苦种出来的东西居然卖不掉，这是不是他们的痛点？而我们想买却又对接不上，这叫作信息不对称。

第二点，我们一般去农贸市场买菜、买肉。那去农贸市场买，有没有痛点？你喜欢那里的味道吗？你能够确保哪个菜是放心菜吗？用三个字来形容农贸市场，即"脏乱差"，同意吗？所以，农贸市场肯定有痛点。后来我们不去农贸市场买菜、买肉了，去哪儿买？去超市。因为超市比较干净、卫生和整洁，但是价格又贵了，比农贸市场的菜贵了好几倍。这也是痛点，那咋办呢？有痛点就有需求，有需求就有机会。于是移动互联网一键下单的功能应运而生了。通过一键下单，直接连接生产基地，去除中间所有的差价，用最低的价钱买到最新鲜、最健康的蔬菜水果，并直接送到你家门口，这就是美德鲜现在在做的事情。

今年5月份，美德鲜卖山东樱桃，将山东樱桃基地的樱桃供应给梅州，几乎整个梅州的所有樱桃都是他们供应的。因此仅仅樱桃一个品种，一个月的销售额就达到了2000多万元。

我们有了定位、使命、梦想、商业模式后，就开始规划，一年做到什么样，两年做到什么样，三年做到什么样。有了规划后，就开始做架构。记住，一般都是先有架构再招人，而不是先招人再有架构，这点一定要很清楚。有了架构，我们再招人进来，决定他该做什么，用梦想、未来的预期、我们的使命去吸引好的人才。就这样，开始搭建整个团队了。

举个例子，曾经有一个互联网负责人，他自己公司的市值已经做到了2000万，做得挺好了。但是当他听完美德鲜创始人庄仲锐的路演之后，他发现虽然他知道怎么在互联网上进行推动，但是他没有资源，他也没有庄仲锐这么长远的使命和规划，所以他想用他现在市值2000万的公司去换美德鲜的公司股份，最后美德鲜这家新公司用百分之十几的股份收购了他的公司，而庄仲锐他们没有花一分钱，就把他十几个人的团队一起整合过来了，他现在成为美德鲜的互联网团队运营副总裁，负责整个互联网团队运营。

再比如，美德鲜现在的人力资源部总监，他以前也在世界五百强企业工作，年薪几十万元，他现在一个月才3000多块钱，居然也愿意在美德鲜工作。为什么？因为美德鲜给他规划了整个成长路线，他既是公司的HR，也是公司以后一些项目的负责人，那就不一样了。

你或许会说我很能干、我很会干，但是一头牛再如何能干，有用吗？没用的。而且我觉得不是我厉害，而是我们团队很厉害，因为我更多是给大家一些方向性、战略性的东西，具体怎么干，还是由整个团队去做，所以这一点还是蛮重要的。

只要整合完这些之后，其他的都可以一一地去做到，所以我们在背后帮他整合了很多资源，包括国家层面的一些资源，等等。但是，要记住，我们在还没干之前，就已经先布局了，这就是犹太思维，完全有别于"先干了再说，干一步算一步"的传统做法！

资源整合的问题解决后，接下来就是推广问题了。作为一家新的互联网公司，究竟该怎么推广呢？用微信推也好，用APP推也好，到底该怎么推？无非是两种推，一种是地面推，一种是网上推。我们先不讲网上怎么推，我们先讲地面怎么推。

美德鲜的地面推广方法有两种，第一种是自己在地面上开店，第二种是去收购别人的店。你觉得是自己开好还是收购别人的好？那肯定是收购，因为自己开店比较慢。

庄仲锐过去开的是三四千平方米的大店，但我们现在不开大店，只开百十平方米的小店。在哪里开呢？就在每个小区里面开，让小区居民不用到外面去买菜、买肉，直接在自己家门口就能买到。

我们当时有两个思路，第一个思路是联合一个大的上市公司；第二个思路是找一家政府认可的机构，帮我们做背书，一起进行推动，

这样成功率就会高很多。比如说我是一家新的房地产开发公司,为了使我开发出来的新楼盘比较好卖,我肯定会联合万科公司一起开发楼盘,这样才比较好卖。这个就叫作借势,也叫"傍大款"。

现在,我跟大家说一下我们的"大款"。我们当时找了很多,最适合我们的"大款"就是广东省菜篮子工程,这是广东省农业厅所属项目,他们的菜和肉都是放心菜,都是地标产品,大家会比较放心购买。

但是当我们找广东省菜篮子工程项目的负责人去谈的时候，发现他们已经有合作伙伴了，但是做了好几年都不怎么样，于是我们就讲我们的梦想与未来规划，他们很兴奋。但是，最终谈到实际问题的时候，他们说怎么能知道我们到底有没有实力，要先交一千万，或者帮他们开50家店，先看看我们的实力再说。

每开一家店大概要二三十万，开50家至少也要一千多万。不管是开50家店，还是拿出一千万也好，都必须要有非常强的实力。他们这样的要求的确很苛刻，即使当时我们没有那么多钱，但是我们还是答应了，先开50家店。

一般用传统思维开店的方法有两个，要么就是在老的社区里面开新店，要么是在新的社区里面开新店。但不管如何，都不能保证店开起来之后，生意就会好。另外，在老的社区里面有没有竞争对手？有，你作为新品牌进入，可能就会被人赶跑，而新的社区里面人流量也不多，所以不管是哪一个思路，哪怕你花了一千多万开了几十家店，生意也未必会好。一旦决策出问题了，可能亏的就不是几十万了，有可能就是几百上千万了。

那犹太思维是怎样的？我们当时思考的是，如何把别人的店变成我们的店，把别人的公司变成我们的公司。那我是如何把别人的店变成我们的店呢？假设你是已经开好店的老板，我们来模拟一下现实的场景：

社区店家：你好。

我：我们是美德鲜公司，是省政府非常重视的广东省菜篮子工程的合作单位，卖的是放心菜、放心肉。如今，我们想进入这个小区，而你是这个小区里做得最好的，我们想跟你谈谈合作，好吗？

（有些老板他不仅在一个小区有店，而且在十几个、二十几个小区都有他的店。这些店有的名字一样，有的不一样，那么他的痛点是什么？首先是采购，采购的痛点是非常不稳定，有时候有货，有时候没货；其次是物流各方面匹配不上；再次是这些店没有系统化管理，管理上有疏漏；此外，员工没有受到专业化培训。）

我：如果我们合作，我们统一名称，叫美德鲜广东省菜篮子工程，你的ABC店都变成了这个名称。我们可以向你保证以下几点：第一，从此以后，你所有的采购成本下降，保证你的产品比以前更便宜，而且物流方面你也可以放心，我们会准时、准点送到位；第二，我们在十几个店里统一用电脑进行管理，让你不用到店里，也能清楚每个店每天的销售情况；第三，由我们为你的所有员工做培训，让你干得轻松，还能赚钱；第四，如果大家一起来做的话，你不需要交一分钱的加盟费。如此，你的团队还是你的团队，你的店还是你的店，我帮你做运营、采购，并降低你的成本，这样子好不好？

社区店家：那我不同意就是傻子。

也许有人会问我们这样做，怎么赚钱？实际上我们赚的根本不是差价，而是估价。我们想把你的流量变成我们的流量，我们要的是整个流水。

那我们到底有没有花钱开店？如果按以前传统的做法，要花二三十万来开个店，但是现在不用花一分钱，对不起，也不能说不用花一分钱，还是要花，这个喷绘的钱总是要的吧，严谨来说还是要花几千块钱。喷一喷，贴一贴，改头换面。但是这一开就不仅仅是一家店了，如果有20家，这一换就是20家，有30家，这一换就是30家了。所以按照这种思路，我第一年能不能开300家？第二年能不能开2000

家，第三年能不能开5000家。而且，这仅仅只是刚开始！

我们现在来算一笔账：一个店一天的销售额大概在一万到两万之间，就算一天一万五好了。一个月就二十多个亿，那一年就是二百七十个亿的流水。

做平台应该是先利他再利己，我们帮你做起来之后，整个系统给你用，并且帮你降低了采购成本，那我们收个2%、3%的运营服务费可以吧？大概是几个亿吧。但这只是很少的一点钱，那我们到底赚什么钱？

假设我有5000个销售点，是不是就有5000个渠道？你的产品要进入我的渠道，请问要不要入场费？我不收那个商家的，我收厂家的，行不行？不收A，收B的，可以吗？比如说现在你的品牌，要不要交入场费给我？一定要交。所以这一块是不是钱？再来，我可不可以跟农民压一个月的账期？肯定要跟他压账期。但是这边我收现钱，一个月我就有二十多个亿免息用了。

所以，投资到底是投现在还是投未来？投资一定是投这家公司未来的潜力，不是投现在。这就是我们美德鲜的地面推广。

那么，我们线上怎么推广？假设一家公司要融资500万，多长时间能够融到？

社区店家：一个月。

我：一个月能融到算不错了，有没有可能要用两个月或三个月融到？甚至一年都没有融到钱？这都有可能。但你猜一猜，美德鲜融了多久。先问一下，你的公司几年了？

社区店家：五年。

我：我们是一家刚刚注册的公司，才起步几个月而已，如果这样的新公司要融资，按照正常来说，好不好融？你们知道我们融500万花了多长时间吗？10个小时。

美德鲜的海南杧果在五天时间内就卖掉了11万箱，平均一天两万多箱。美德鲜4月份的樱桃销售额达到2000万左右，5月份的销售额是2600万。可以说，在生鲜产品的电商平台中，没有超过美德鲜的。

除了卖樱桃，美德鲜还卖榴梿，一天卖一万个。推出的500万众筹，10个小时全部对接完成。从众筹名单上看，最低的众筹金额是10万，还有的是40万，甚至是80万、90万。而这些众筹者基本都是上"犹太奇迹"课程的同学。他们既是学习者，也是投资者，相互之间还是合作者。

那么，第二轮500万元众筹是多长时间完成的？两个小时。到了第三轮，一个小时内就筹到了500万元。到了第四轮，只用了18分钟就筹到500万元。

也就是说，在两个多月的时间里，我们分了四个阶段融资，每

次500万。总共2000万的融资，加起来还不到一天的时间就完成了。

我们就是在打造这样一个既可以学习，还可以融资、合作的现学、现用、现卖、现融以及通过分红现退并全部实现的平台。

从去年10月23号到今年6月23号，整整8个月时间里，美德鲜的估价不断上涨。现在的美德鲜不仅卖水果，还卖月饼。中秋前，庄总从马来西亚进了猫山王榴梿冰皮月饼，结果半个月他就卖出了20多个货柜。因为美德鲜的平台已经铺开，网上电商、店下渠道全部铺开了，所以卖什么都好卖。

我们总结一下，美德鲜从无到有，从零开始，选择了我们作为顾问团，这个很关键，因为跟对人，做对事，有我们帮着做规划、帮着落地。我们去做规划布局，整合广东省菜篮子工程，整合好的人才、团队，整合很多店，这格局也大了，而且先利他再利己，不赚差价赚流量。还有"傍大款"，懂得花钱请人才，请专业人士，这些都非常重要。

如果庄仲锐不改变他的传统思维，不舍得花钱，肯定也很难做成功。所以，走进犹太商学院这个传播犹太思想的平台对他有没有帮助？古人云：天时、地利、人和，三者缺一不可。缘分到了，一切都是冥冥当中的注定。

美德鲜公众微信

第三篇
品牌真相

狼和羊应在一起吃草

顺势而为才能颠覆世界

一切皆有可能

品牌真相

HANMAC 咨询项目纪实

狼和羊应在一起吃草

创业,让我们的生命更有意义。对我来说,创业并非生活的全部。倘若在广州,不管那天的工作安排有多紧或头一天晚上工作到多晚,早上我都会早早地起床,陪我的家人一起吃早餐,送我的孩子上学。生活的内容应该是丰富多彩的,具有深度和广度,但真正能实现远大抱负的,肯定是我们的事业。不管在哪个时代,不论你在做什么,选择的权利永远在我们自己手里,我们所做的一切,无非为了创造一个和谐、自由的环境,为自己,也为我们爱的人。然而,很多时候,我们看到的、经历过的以及亲身体会的却并非如此。这么多年来,我在世界各地讲课,听众超过几十万人,台下每个人的眼睛都不一样,每个人的经历也不一样,每个人的梦想也不一样。这些人的企业,有的大,有的小,有的是几代人传承下来的企业,有的是刚刚创办的企业;有人做的是传统零售业,有人干的是金融业。尽管如此,在提问、互动的环节中,被提及频率最高的还是如何运用犹太商业思维解决企业经营过程中遇到的各种各样的问题,其实,我很想在分享"犹太商道"的同时多分享一些有关生命终极目标的智慧,很想告诉他们犹太商学院的经营理念"以商养善,强企富国"的真实含义,很想将公益项目中因帮助那些患白内障而失明多年的老人重新见到阳光与亲人时所感受到的真正的幸福分享给每一个人……

事实上,犹太商业思维中真正的智慧来源于对生活的拷问,来源于对自然的探求。犹太人有几句口口相传的话不仅充满了商业智慧,也充满了生活的哲学:

狼和羊应在一起吃草,

狮子也应该像公羊一样咀嚼麦秸,

蛇的食物应该是尘土,

在我的圣山之上,

没有人再去做不好的事情。

这种近似"共产主义"的集体主义生存方式的思想在当下的互联网时代越来越体现出它的商业价值——分享经济的来源。当你仔细觉察我们周围的变化时,你就会发现,这种席卷全球的浪潮让每个个体都连接在一起。比如维基百科,这种知识体系的分享被人们广泛接受并应用。2012年4月,Pebble的创始人艾瑞克·米基科夫(Eric Migicovsky)抱着试一试的心态将自己的智能手表项目Pebble放到了众筹网站Kickstarter上,希望给自己眼看就要"夭折"的项目筹集10万美元,他没有想到,28个小时之后,他得到了100万美元的支持。这个项目最终筹集到的资金超过1000万美元。众筹不仅让艾瑞克实现了成功创业的梦想,更让Pebble成为最酷、最智能的手

表。2015年10月，我们的沙米项目在京东上用短短的时间筹集到100万元，获得了1095名支持者。在互联网时代，倘若我们将商业计划的推广与运营比作是在沙漠中种植水稻，那么，我们的被人们广泛传播的故事（没有故事不值钱）、我们的造势与布局（没有布局不值钱）、我们的深入人心的包装（没有包装不值钱）就是我们的锄头，在这片沙漠中，没有集权主义的领袖，但却有素未相逢的社群领导者；没有谁能代表谁行使权力，但却有共同协作；没有社会保险，但却有商业项目发展的红利。

未来的世界是数据化的，而实现数据化的前提就是共享，这将最终导致商业社会从现在的量变到未来质变的变革。2016年3月，微信平台的活跃用户数量达到9.27亿，估值超过900亿美元。同样，Facebook、Flickr、Instagram等网站上每天更新的照片数量超过18亿张，视频网站youtube在2015年就超过了10亿用户，估值接近800亿美元。分享经济是互联网时代商业变革最直接也是最根本的表现形式，我们的品牌、战略、企业架构等一定要建立在对社会变革深刻认知的基础上，这才是真正的接地气，同时也是顺天命，知人事。我们在前面章节中提到的沙米项目、美德鲜项目以及在本篇中着重

探讨的轻奢手机品牌HANMAC无一不是如此。

对社会发展趋势的深度认识，对各个阶段的把握必须引起我们所有的创业者重视，我认为，这种意识应该要渗透到我们企业的每一个经营环节中。比如，众筹模式在什么时候开始呈现爆发式增长？分享经济什么时候进入成熟阶段？粉丝经济什么时候进入发展的拐点？这些问题看起来简单，但实际上却与用户的生活、与我们的经营策略息息相关。

当下，尽管世界经济增长缓慢，中国宏观经济下行，但依然还存在很多爆发性增长的行业。我们发现，以前是每过几年会涌现出一批这样的行业，现在是每年甚至每个季度就会涌现出这种成长空间巨大的领域。我们把时间往前推10年，什么最火？2005年的凉茶，2006年的电动自行车……但你有没有发现，当一个领域爆发式增长之后，往往马上就进入了平稳期，此后，这个领域逐渐成熟，很多企业就死在了从平稳期到成熟期的这个阶段中，原因很简单，就是他们没有看到发展趋势，与此同时，那些顺利度过平稳期和成熟期的企业则迎来巨大的发展机遇，这个规律不论在10年前还是现在都是通用的。

然而，即便是在互联网飞速发展的今天，很多企业在做品牌的时候，还是采取陈旧老套的方式，做地推、发传单。当下是一个人人创造、人人设计、人人营销、人人消费的个体时代，每个个体都是一部手机，既是信息的制造者，也是接收者和传播者。说得更直白一些，不论在哪个时代，选择的权利一直在用户自己手中，当用户接受信息的来源途径从电视广告、地推单页、推销电话等硬广告转移到朋友圈、社交群体等更为客观、更加可信、更有黏性的平台上时，用户会选择屏蔽谁？2016年3月18日，脸书的创始人兼首席执行官扎克伯格不惧雾霾在北京天安门广场上带着他的贴身保镖跑步时,你有没有想过,他为什么这么拼?2014年,当微软创始人盖茨先生接受扎克伯格的冰桶挑战并将全程视频发到youtube上时,你有没有想过,盖茨先生以及站在世界商业体系金字塔顶峰的这些人为什么乐意成为"落汤鸡"并为此欢喜甚至自豪?2016年6月,当巴菲特先生的午餐再次冲击345.6万美元时,你有没有考虑过,这顿饭如果是中餐,每一粒米的价格比同等大小的黄金还贵?2015年10月,当知识社群"罗辑思维"完成13.2亿元的B轮融资时,你有没有想过,这个其貌不扬、声音并不动听,嘴巴看起来甚至都有些歪的罗胖凭什么吸纳了600多万个粉丝?美德鲜在2016年4月到8月共做了4次众筹,每次500万,共计2000万,总用时不超过24小时。当美德鲜对山东樱桃的操盘成为生鲜电商界争相模仿的商业案例时,你有没有想过,究竟这是互联网思维的成功,还是犹太商业思维中利他达己的思想再一次得到验证?美德鲜山东樱桃项目的操盘手华少说过:"在商业领域,资本的本质虽然是获利,但殊不知只有帮助别人达成梦想、成就他人,才会被他人认可,才能成就自己!"

我常常和犹太商学院的企业家学员们讲,小老板做事,中等层次的老板做市,真正的企业家做"势"。在互联网时代,我们身边所有的社会资源都是"势",不管当下你是谁,你拥有怎样的平台。"势"是当下社会最昂贵但却又是免费的,昂贵是因为你没有智慧,免费是因为只要你敢于"借",敢于用未来、用明天来换取今天。那么,究竟该怎么借"势"?我总结了以下四条:

1. 找到匹配自己的平台

什么才是真正匹配自己的资源?简单地说,就是匹配自己的卖点、品牌的内涵。美德鲜要借广东省菜篮子工程的平台,沙米要借京东、亿利的平台,途牛要借携程的平台。

2. 将产品的核心价值和资源连接在一起

我们的产品由核心价值、外在价值和延伸价值三个部分组成,比如大庆中医骨伤病医院,它的核心价值是骨伤医院,外在价值包括了按摩保健、康复理疗以及骨伤医药,延伸价值又包含了老年医院、养老院项目,所以我们就要探挖骨伤医院这个核心价值所连接的资源。

3. 要么继承，要么攻占

"要么继承，要么攻占"，这是犹太商业思维的核心之一。什么叫继承？比如高端奢侈手机品牌HANMAC的原意是"Handmade magic"，这个来自法国的设计师品牌用"Handmade magic"来颠覆传统流水线批量生产手机的理念，这种力求工艺的精湛、材质的稀贵、设计的登峰造极以及深厚的文化底蕴便是继承。那么，又如何攻占呢？2016年，HANMAC用一个HANMAC HOME的"双H战略"不仅将各大电商平台的大佬们整合到一起，其发布的一款Bon7手机更是将长盛不衰的007大片拿来为己所用，这便是攻占。

4. 品牌是一种最为纯粹的图腾

"品牌是一种最为纯粹的图腾"，这句话念起来有些拗口，为了写书，不得不用这样一种书面语言，实际上，在犹太商学院的课堂上，我更喜欢用最直白的三个字来形容——"傍大款"。什么是大款？按照犹太商业思维的体系，我们将大款分为以下三类：其一，众所周知的资源。比如说，人们对广西巴马地区的解读就是长寿，对迈克尔·杰克逊的理解就是艺术巨匠；其二，潮流、趋势。

比如说食品安全、绿色环保、私人订制等;其三,关注点。比如说习主席提出的"一带一路"、"供给侧改革",李总理提出的"互联网+"等。我们究竟怎么去"傍大款",在本篇后面的案例分析中,再详做阐述。

1987年,犹太人舒尔茨在经历了多次创业失败之后开始了新的冒险,他收购了星巴克,从此,星巴克这个名字在世界的各个角落被人熟知。但是,你知道吗,星巴克第一批30个投资人并非是看好星巴克的咖啡生意而投资的,他们看好的是舒尔茨。舒尔茨曾说:

"我为星巴克改变了自己的生活,我这样做是因为我知道这里有你们的激情。我所有的努力都是为了要成为这个公司的一员,在你们身上,我看到了这种远见和理想。"在星巴克的文化墙上写着:"这里来往的并非只是躯体,这里充满着灵魂。"正是这种品牌内在的精神造就了它的成功,正是因为这种成就别人的愿景让街头的人群涌进星巴克。

当选择的权利在用户手中时,请记住,品牌的本质是一种承诺,绝不只是单纯的情怀。我想在这一点上,"锤子"手机已经给了我们最好的答案。2016年6月21日,锤子手机曾经的铁杆粉丝Midqiu状告锤子科技"涉嫌虚假宣传和销售欺诈",据《深圳晚报》报道,状告者Midqiu说,锤子曾经提出的和解条件是向其赔偿1000元并对外界保密。事实上,我认为包括锤子在内,所有的手机厂商、所有的产品经理,乃至所有的企业都想让自己的产品完美,都想让自己的产品稳稳地击中用户的痛点,让用户惊喜,但是,所生产出来的产品都无可避免出现各种各样的问题。5年前,当罗永浩和他的朋友们在北京西门子总部用一柄铁锤砸烂三台有质量问题的西门子冰箱时,也许,当时做英语培训的罗永浩根本没有想到"做情怀"需要付出多大的代价，但今天的罗永浩还是当年那个怀揣情怀的罗永浩吗？这个问题，只有他自己才能回答。

中国的品牌，以前是至少5年就会有一个变化，现在是3年之内必然有一个翻天覆地的变化，尤其是近几年，随着犹太商学院走进越来越多的地方市场深耕细作，我发现，绝大多数企业的品牌都已经出现老化现象。中国本土的市场变化极快，消费趋势、消费习惯、消费潮流等一直都在变化，最明显的就是中国人更有钱了，银行卡甚至余额宝上的钱动辄数万元，人们在做出购买决定的时候，只需要动一动手指头，在这种背景下，消费者的审美眼光、对品牌的认知程度都在急剧变化，然而，大多数企业的品牌还是以前那个样子。当我们的品牌内涵已经不能满足消费者的心理需求，当我们的品牌形象和核心价值都跟不上潮流的时候，我们就要停下脚步，好好想一想，企业上升的通道到底在哪里。

品牌是流动的，它和数据一样，更确切地说，品牌就像一条河流，它永远在流动，随山见山，随物见物。那么，在变革的时代，我们的品牌应该如何实现流动呢？我认为有以下三个步骤：

第一，我们要确认品牌给用户的承诺是什么？在这里，我们一定要非常理智并清晰地明确,任何营销都围绕着用户为核心,因此,品牌一定要建立在用户的消费主张上,你要主动出击,告诉用户他们为什么要购买。我经常对犹太商学院负责品牌战略咨询的负责人讲,如果我们对一个传统品牌进行再造,首先要解决的问题就是给用户提供连续的购买理由。那么,我们应该如何确定承诺呢?犹太商学院针对企业采取的方法有以下几点:

1. 企业的愿景、使命
2. 创始人的价值观
3. 品牌影响力

第二,确认用户群体。在这个过程中,我们必须了解品牌的主要利益相关方,包括用户、员工、供应商、代理商以及公众。如果我们想要产生重大的影响,我们就要选择能拉动对应的资源的目标。比如美德鲜要快速撬动"万店计划",就要整合广东省菜篮子工程。

第三,提出品牌再造方案。在这里,我想强调,在当下,所有的企业都在做品牌再造，并且，越是传统的企业越迫切。我相信，前面我们一再强调的未来商业社会的数据化、互联网化，未来品牌的流动性以及分享经济等内容大家能真正地理解，但理解它仅仅是表象，我们要去分析它、实践它、论证它。商业社会的变革是整个社会发展的原动力，今天的商业社群是去中心化，是个体与个体的联盟，未来是企业与企业的联合，甚至企业与它的竞争对手、利益相关方也要联合。2015年，京东用43亿入股永辉超市以换取在O2O领域的深度合作；2016年6月21日，京东为了在O2O领域赢得更大的优势，用1.45亿股京东A股换取沃尔玛旗下的1号店，按照京东现在的股价，这笔交易价值15亿美元。京东和沃尔玛本来是竞争对手，但是它们联合起来而最终实现了O2O的协同创业变革。

我在本书中一再强调经营企业的终极目标不是为了盈利，对刚刚创业的品牌来说，其基本目标就是为了满足用户需求和期望，当企业继续壮大，在消费者的心里，它就要承担社会责任，比如加多宝，在2008年的汶川地震中捐助1亿，玉树地震捐助1.1亿，2013年的雅安地震再捐助1亿。总计3.1亿元的捐助并没有让加多宝这家企业感到压力，这并不是说加多宝的财力有多雄厚，但有一点，正是这种

"大舍"才有真正的"大得",对企业来说,品牌在消费者心目中的地位、影响力才是真正的财富。如今,越来越多的公众在评价企业时会关注其对社会问题的重视、公益方面的承诺以及贡献,实际上,在我看来,这是企业品牌重塑的一个重要的机遇,如果我们的初创企业都能像沙米、美德鲜一样,把改进社会环境、改善百姓民生、推动社会变革作为经营的目标,那么,最终他们将改变整个商业体系,在我看来,这才是企业最终的出口。

顺势而为才能颠覆世界

当今世界商业变革是无法阻挡的趋势，新技术、新模式颠覆旧有的产业格局，扭转乾坤。与此同时，曾经以廉价劳动力进入世界经济的中国本土经济，现在正转型以资本与品牌的商业模式进入全球市场，在这里，我们既看到阿里巴巴、腾讯、百度、京东等企业，又看到滴滴、美团、华兴、兰亭集势以及本书中作为商业案例的沙米、美德鲜、HANMAC等新生企业，它们是当下中国最具想象空间、最具活力的企业，这些企业的创始人以及品牌代表着我们的未来。

在犹太商学院的课堂上，我常常引导创业者们做这样的反思：我们创业创的究竟是什么？我们的品牌究竟是什么？第一个问题是我们自身的起心动念，如果想明白了这个问题，我们的方向就不会迷失；第二个问题决定了我们能走多远。在中国做生意，我们首先要懂得中国经济的特色，政府对资源分配的控制以及对各行各业的市场干预，在很大程度上直接决定了行业的走向，直接决定了我们能走多远。经济从计划转型到市场至今已有39年，我们的GDP从1978年的3650亿元高速增长到2015年的676708亿元，当然，在这个过程中，也经历了1989年的4.2%和1990年的3.9%的低增长率，但即便是遭遇了1998年的世界金融危机，当年中国的GDP仍保持了7.8%的增长。当下，原先维持中国经济高速增长的人口红利、资源红利等优势正在变弱，因此，经济增速步入到换挡期。在这个背景下，我们来解读习主席提出的"新常态"。什么是"新常态"？就是不同于过去但又将是相对稳定的状态，那么，在这样的新常态下，我们应该怎么做呢？习主席又提出了"供给侧"、"结构化"，即从求量到求质，从质量更好到结构更优。我常对犹太商学院平台上的企业家朋友们说，我们最常犯的四个错误就是"三看一来"，即：

看不起

看不见

看不懂

来不及

什么叫"看不懂"、"来不及",举例说明,我记得2015年11月,在犹太商学院的课堂上,有个深圳的学员问我,为什么我们的房价一直在上涨?政府一边在制定各种政策来限购、控制房价,反而房价为什么越控制越高呢?我们来看一组广义货币数据,如下表(3-1),什么是广义货币(M2)?简单地说就是我们所有人口袋里的现金、银行的存款以及在社会上所有流通的货币加在一起的总和,叫作广义货币(M2),我们看到表(3-1)中,1998年到2015年这17年的M2的情况,在1995年,整个中国的M2只有6.08万亿元,而到2015年,M2达到139.23万亿元,也就是说,M2在20年间翻了将近23倍,而M2/GDP也从1爬升到2.06。

从表(3-1)中,我们不难发现,从2002年到2012年的10年间,M2不断增长,尤其是2007年之后,从2008年到2009年,M2突然从47.52万亿增长到60.62万亿,也就是说,这一年M2的增长额就超过了1995年这一整年M2的2倍,接下来,每年所增加的M2都以此为标杆,我们不难判断从2002年到2012年间中国一线城市的新房房价基本上增长了5到6倍,在这10年间,所有从事房地产的人以及中国广大的普通老百姓,只要买了房都能让个人财富增值5到6倍,这个财富累积的增值让我们能跑赢CPI的增长，相反，在这10年间，没有购买房产的人都是"受伤"的人。那是不是意味着房价会一直上涨呢？2015年，我们的M2已经超过美国（12.2万亿美元），但是我们的GDP却只有美国（17.4万亿美元）的60%，从这个意义上讲，人民币虽然是国际第一大货币，但其泡沫化特征比美元显著。房产升值的根本原因在于房地产泡沫在不断放大，它和人民币泡沫密切相关。根据央行公布的数据显示，截至2016年7月末，广义货币（M2）余额149.16万亿元，同比增长10.2%；狭义货币（M1）余额44.29万亿元，同比增长25.4%。狭义货币（M1）主要是企业单位活期存款，如果我们"看得见、看得懂"这组数据，就会明白狭义货币（M1）如此大比例增长，说明钱并没有进入实体经济。

年	1995	1996	1997	1998	1999	2000	2001	2002	2003	2004	2005
GDP	6.08	7.12	7.90	8.44	8.97	9.92	10.96	12.03	13.58	14.98	18.48
M2/万亿	6.08	7.61	9.10	10.45	11.99	13.46	15.83	18.50	22.12	25.32	29.87
M2/GDP	1.0	1.07	1.15	1.24	1.34	1.36	1.44	1.54	1.63	1.58	1.62
年	2006	2007	2008	2009	2010	2011	2012	2013	2014	2015	
GDP	21.63	26.58	31.40	31.09	41.15	47.29	51.93	56.88	63.64	67.67	
M2/万亿	34.56	40.34	47.52	60.62	72.58	85.16	97.42	110.65	122.84	139.23	
M2/GDP	1.60	1.52	1.51	1.78	1.81	1.80	1.88	1.95	1.93	2.06	

表（3-1）：1995年—2015年中国GDP\M2\M2：GDP

对趋势的把握就是我前面讲到的"看得起、看得见、看得懂、来得及",不论我们是做个人理财、家庭投资,还是创业选项目、做平台,这个规律同样适用,尤其是近年来,产业结构加速转型,互联网浪潮汹涌,经济环境的紧张和企业发展的瓶颈使中小企业面临巨大的生存危机,我们不断看到那些高污染、低素质劳动力的中小型企业大规模破产,当危机来临之时,败局离我们究竟还有多远?

在这里,我向大家分享一个经典的犹太商人的故事:1946年,一对曾被关押在奥斯维辛集中营的犹太父子逃到美国休斯敦做铜器生意。一天,父亲问儿子:"你知道现在的铜价是多少?"儿子回答道:"一磅45美分。"父亲说:"我们会将它的价格翻10倍。"儿子惊讶地望着父亲,对他来说,这简直是天方夜谭。父亲说:"你试着把1磅铜加工成一对门把手卖出去。"父亲死后,儿子除了做门把手之外,还做过奥运会的奖牌,做过瑞士手表的配件供应,一磅铜的身价在他的手里最高涨到了3000美元。1974年,美国为清理自由女神像翻新后扔下的废料对外招标,但好几个月都没有人应标。他知道这个消息后,马上赶到纽约,当他看到自由女神像脚下堆积如山的铜块、木料和螺丝时,他毫不疑虑地签了合同。当时,许多同行都笑话他,这单生意并不好做,因为纽约政府对垃圾分类有严格的规定,搞得不好,不仅无法盈利,甚至还会承担违约责任。可是,这位犹太商人却因为这单生意大赚了300万美元,也就是说,这单生意让他将1磅铜的价格增长了10000倍。他将分类清理出来的铜块做成一个个小的自由女神像纪念品,将木块和水泥做成小女神像的底座,将铁块和铅块做成纽约广场的钥匙,他甚至将从自由女神像上清理下来的灰尘装进一个个小包,卖给礼品店……

我讲这个犹太商人的故事是想分享给各位读者两点:其一,机会对每个人都是平等的,有的人"看得起、看得见、看得懂、来得及",因此能快速积累原始资本,有的人却视而不见。犹太人有句谚语说:"只要你活着,智慧永远跟随着你。"在犹太人的商业思维中,任何东西都是有价值的,都能失而复得;其二,品牌的本质是精神层面上的空白,我认为用这个犹太商人的故事来讲述"品牌真相"实在是再贴切不过了。大家试想一下,如果我们将我们多年积累的品牌标识、符号、载体都推翻后,更确切地说,倘若我们将高端手机品牌Vertu和HANMAC的一切与品牌相关的标识、载体、符号都清空,Vertu传递给消费者的信息不再是"不顾一切的奢

　　传"，HANMAC传递给消费者的信息不再是"世界上最独特的手机"，那么，这两者的品牌还剩下什么呢？犹太商人能将废铜倍增10000倍的秘诀不正是自由女神像的品牌价值吗？正如可口可乐前董事长伍德鲁夫说："假如我的工厂被大火毁灭，假如遭遇到世界金融风暴，但只要有可口可乐的品牌，第二天我又将重新站起来。"

　　在犹太商学院的内部培训课上，我常常将曾经叱咤风云的上海英雄钢笔作为案例来讲，当时英雄钢笔不仅几乎垄断了整个中国的市场，还远销60多个国家。英雄钢笔多次见证了激动人心的历史大事件，如1997年香港回归、1999年澳门回归、上海合作组织成立声明、中国首次APEC会议、中国加入世贸组织等，这些举世瞩目的协议文件均由"英雄"签署完成。它曾是最伟大的民族企业之一，但今天，它也许却是最没落的民族品牌之一，发表在《投资界》的一篇文章显示，它的净资产额不到300万元。据某报记者查看英雄钢笔1996年的财报，发现当时英雄钢笔的总资产达7.03亿元，净资产达3.72亿元。20年间，这家企业的净资产萎缩了将近120倍。一个品

牌能够得以在严酷的市场竞争下存活，靠的是难以复制的核心竞争力，而真正要去重复积累的，也正是这个品牌的核心部分，然而，很多品牌都在犯同一个错误，就是不断进行品牌表象的重复。

以路易威登（LOUIS VUITTON）为例，在世界的每一个角落，只要你看到路易威登的品牌标识，就能想到高端的服饰、珠宝、鞋子，原因很简单，因为路易威登将自己品牌的标识、品牌的灵魂深深地刻在它的每一个品类中，将"奢华"、"高端"的品牌符号不断重复、重复、重复。我们看到路易威登在开发钟表系列产品时，它借助了"瑞士制造"；在开发鞋子时，它借助"意大利工匠精神"。请各位读者注意，这便是我们前面讲的犹太商业思维中的"借力"，在打造品牌内核时，我们的重复不仅仅在"符号"、"标识"、"口号"上，像路易威登一样，向与自身相匹配的资源借力，来重复强调自身的价值。

我们很多行业的品牌竞争力都非常薄弱，甚至有的行业的品牌建设仍然处在简单的产品营销阶段，单纯强调产品本身，而忽视了对用户心理需求的满足，从而陷入了低水平的价格战中。我们一再强调，在互联网时代做营销，一定要挖掘用户的深层心理需求，比如沙米，一定要从无污染、健康入手；轻奢手机品牌HANMAC，一定要从个性化、订制入手，打造出一种独特的生活方式，这样的产品和企业才具备品牌意义，这样的品牌塑造方式才是真正的顺势而为。

做品牌不是单纯地做产品包装设计、广告宣传，不是单纯地卖货，要想突出重围，就要去研究竞争对手的心理，去研究用户的心理，有时候需要正合奇胜，有时候需要剑走奇锋，如果说，将品牌营销比喻成一门武术的话，最高的境界莫过于禅武中的顺势而为。

在犹太商业思维中，顺势是一门必修课，如何顺势，我将其总结为三种情况。

一、无势可借，造势

从1978年国内市场放开至今，在前面的20年间，大多数企业根本不清楚什么叫品牌，到2001年年底，IBM、通用、沃尔玛、麦德龙、雅高等世界一线品牌宣布将最新的专利产品和生产线搬到中国内地，另外一些在国外早已成熟但不能持续创造利润的品牌也决定向中国内地大规模转移，而与此形成鲜明对比的是中国本土品牌，面对海外品牌快速激烈的市场反应却表现出让人难以置信的冷漠。犹太商学院有一位在北京做外贸企业的学员，他一直在观察和思考加入WTO后中国本土品牌的变化，他说，2001年11月，北京开始进入隆冬，天气逐渐寒冷，地上厚厚的落叶与一阵阵冷风让人感觉到苍凉，那些中国本土品牌面对WTO就像这种感觉一样，充满了冷漠，根本不知道如何拥抱即将迎来的新局面。显然，2001年的冬天让他记忆深刻，每当听他讲起时，我总能在他的眼中看到一丝深幽的光。事实上，经历过那个年代的创业者与企业家，一路走到今天，不论在哪个行业，谁又能逃离呢？

整整十五年过去了，这些年，我一直和企业家朋友们在一起，尤其是八年前开始研究并实践犹太经营哲学，为企业家朋友们搭建犹太商学院平台，每当我看到一些中国品牌在竞争中逐渐陷入僵局时，我的内心也如同2001年北京的冬天，冰冷甚至感觉到疼痛。我们中华民族曾经是最有创造力的民族，让所有人为之骄傲，我们的"四大发明"曾经改变了整个世界，但不知道从什么时候开始，我们却成为"复制者"，放眼全球，我们还剩下几个民族品牌能立足于世界呢？

有人甚至说，淘宝毁灭了中国的实体经济，但是你有没有冷静地想过这样一个问题：淘宝是谁推起来的？是数以亿计的用户，是数以百万级的商家，这就是品牌造势。更确切地说，就是利用用户、目标客户来主动为你的平台服务，甚至为你的产品出谋划策，主动为你推广，这就是造势，就是李克强总理在2015年9月16日的国务院常务会议中提出的众包模式。

什么叫众包模式？用犹太商业思维来理解就是"契约模式"。犹太商人是这个世界上最注重契约精神的群体之一，一旦签订契约,不论发生任何问题,绝不毁约。我和犹太商人合作最大的感受就是他们在和你交易时丝毫不让,分厘必争,但在契约后,即便他们吃了亏也会绝对遵守,用我们的话讲,这就叫"一言既出,驷马难追"。但是,商场如战场,对犹太商人来说,遵守契约并不代表墨守成规,即便他们不改变契约,他们也会在不动契约的情况下找到让人无法预料的突破口。对犹太商人来说,相比规矩、道德,他们更在意是否合法、守法。

在商业体系中,我们考虑任何问题都要用一种追溯源头的方法与态度,找出其中的逻辑性。众包这个方式与概念来源于对企业创新模式的思考,我们知道一个企业的产品部门在开发新产品时,首先是做市场调研,根据结果来了解用户需求,再决定开发何种产品,大家有没有发现,用这种模式来经营的企业现在越来越难生存了,如果你的企业还用这种方法开发产品,请你一定来犹太商学院,我们会免费给你一套全新的商业系统。

也许,你会问,我们做企业做了几十年,而且我们重金聘请的专业咨询公司、市场调研公司给我们的数据、结论都是准确无误的,为什么我们的新产品投资回报率却远远不如前些年了呢?举例说明,我现在正在用笔记本电脑来写《犹太奇迹》这本书的初稿,打字用的就是搜狗输入法,搜狗输入法有两种,一种是搜狗拼音输入法,另一种是搜狗五笔输入法。搜狗输入法的众包分为两大块,一块是皮肤,就是在输入法变换界面,因为用户的参与设计,包含酷炫、风景、卡通、游戏、时尚、明星、Mac风、静物等数十个领域的皮肤,是当今数量最多、品种最全的皮肤品牌;另一块是词库,搜狗命名为细胞词库,截止到2016年7月28日已经有27615个词库,这个数字还会增长。如果不用众包的方式,一家企业要自己开发、出品数十个领域的精美皮肤,他们需要多少个设计公司配合?要自己出品27615个词库,要到何年何月?需要花费多少支出成本?在互联网快鱼吃慢鱼的时代,必然是还没等到你推出来,就一定死在产品开发的路上了。

现在,随着移动互联网用户的剧增,未来一切都离不开互联网,世界越来越平,沟通越来越便利,大数据、云计算等高科技术越来越成熟,用户的创新热情和创新能力越来越具有商业价值,用户来决定产品的创新商业正在形成一种新的趋势,这正是国家倡导"互联网+"的主要原因,在这个大背景下,我们讲借势,讲众包，我相信各位读者都明白了。

实际上，万变不离其宗，革命的成功一定是因为广大群众的支持，但关键还是在于契约精神的建立。用犹太人的格言来总结："你的生命和你邻居的生命一样有价值，你的需要和他人的需求一样应该满足，要达到自我的满足，就必须把注意力及财富施给家人、朋友和社会，必须从只想着自己转变为要想着自我以外的世界，自我实现并不是要隐退于让我们堕落的这个世界之外，也不是沉溺于自我陶醉之中，要实现自己的价值就必须参与其中，并对这个世界有所贡献。"（节选自《圣哲箴言》）

我将利用用户的力量为自己造势纳入到犹太经商哲学体系中，我认为，它是所有中小企业经营者、创业者的一门必修课。对用户的智慧善加利用并将其转化为自己的资源，就等于让用户直接告诉你他们需要什么；你应该怎么做他们喜欢的产品，这样的品牌、这样的营销还能不成功吗？

二、接地气，才能借势

"一鼓作气，再而衰，三而竭……"这句出自《左传》中的名言告诉我们两点：其一，行军打仗靠的是"势"；其二，强大的齐国攻打鲁国，来自农村的曹刿拜见鲁庄公，他说："肉食者鄙，未能远谋。"曹刿与肉食者最大的区别在于哪里？曹刿"接地气"，懂得敌人的心理和鲁国士兵的心理，这为鲁国打赢这场仗直接提供了"一鼓作气，再而衰，三而竭"的理论基础。

我们在做品牌时也同样如此，一求"势"，就像行军打仗，并非只讲军力，而是"知其力，用其势"，所以能够以少胜多，以寡敌众；二求"接地气"，所有的经营战略、战术一定要建立在对竞争对手、市场以及自身深刻理解与认识的基础上，可以说，这是借势的核心。犹太人也有句谚语说："一位百发百中的神箭手，如果他漫无目标地乱射，也不能射中一只野兔。"

今天，我们绝大多数中国企业和国外的品牌从实力上相比确实处于劣势，倘若我们懂得借势的经营原理，依然可以在商业竞争中赢得一席之地。其实，每一个大事件的背后都蕴藏着企业巧妙借势成长的机会，而不同的企业根据自身的情况与事件结合的紧密度当然也会有差异，关键在于企业能否真正"接地气"，懂得用户的心理，通过借势能否与用户站在一起，与用户产生共鸣。举例说明，还有十几天，四年一度的奥运会即将在里约举办，届时全世界的目光都集中在巴西里约的赛场上，早在2016年4月，安踏就发布了以"让我们去打破"为里约奥运会传播主题的中国国家体操、蹦床、举重、摔跤、柔道、拳击、跆拳道、赛艇、皮划艇、水球十支国家队的里约奥运会比赛装备，相比之下，包揽了乒乓球、羽毛球、射击、跳水等比赛装备的李宁去哪儿了呢？事实上，对电视机前爱好体育的观众来说，安踏或李宁到底谁赞助了奥运比赛装备并不重要，重要的是他们最终选择了谁。

三、将危机当作机遇，才能应势

在我的犹太经营哲学体系中，有一个经营心法叫"危机即机遇"，在经济环境好的时候，每个品牌都顺风顺水，差别不大，但当经济下行、市场情况越来越恶劣时，考验大家的就是谁有胆识，从危机中找到机遇迎难而上。

打造品牌是要付出成本的，有"胆"的同时，"识"也必不可少。美国一家向中国出口樱桃、猪肉等冷链食品的贸易公司的总裁哈夫特的"樱桃经济"观点非常有意思，即便近年来中国的经济下行已经是公认的事实，但他依然看准了中国本土高端食品是一片蓝海市场，在他看来，评价中国中产阶级的标准不再是在一二线城市有一套150平方米以上的公寓、一辆价值40万元以上的汽车，而是冰箱里一盘美国进口的樱桃，哈夫特不仅坚持并实践这样的观点，并且将他的观点写成一部书出版，书名叫《非中国制造——中国的经济奇迹背后所隐藏的事实》，我相信，这本书不仅能帮他在美国找到更多的货源，在中国也能帮他建立更多的渠道，哈夫特的做法便是应势而为。

将危机当作机遇，才能找到市场的突破口，在我的犹太经营哲学体系中，我将其总结为三个具体可行的方法：

1. **先分析内部，找到靠山再发力；**
2. **分析社会大环境，找到趋势才能找到突破口；**
3. **研究行业第一名，他们的不足就是我们的机会。**

一切皆有可能

这几年,市场展现给我们的一切都变得不那么确定,一切又变得皆有可能,现在我们的创业、经营企业已经不再是如同只在一条铁轨上行驶的列车,从起点到终点一切都按部就班,而是在经营中反思、觉醒,寻找出口,随时调整方向。我记得海尔的掌舵人张瑞敏先生曾经讲过一句话:"没有成功的企业,只有时代的企业。"这句话和犹太商业思维不谋而合,我认为,犹太商人和其他派系的商人最大的区别之一就在于他们拥有极为强大的内心,这和犹太民族几千年的历史密切相关,这种坚韧的品格与自信让犹太人即便在极为不利的环境中依然能泰然自若,事实上,在我接触的犹太商人中,很多人甚至将逆境当作机遇。在犹太商业思维中,如何在竞争中有效击败对手?他们的方法简单、粗暴,当他们选择进入某个领域时,首先站在比行业第一名更高的高度来审视这个领域,这样不仅可以看得更加清楚,而且还能在开局的时候就摆脱各种束缚,那么,当他们正式进入这个领域时,他们要么选择快速抢占从而形成绝对优势或直接垄断整个领域,或者是独辟蹊径,做别人看不见的,做别人看不上的,做别人想不到的,做别人没有的……

不论在"犹太商道"的课堂上,还是在本书中,为什么我一再强调我们生存的这个时代的不确定性,尤其是商业上的不确定性,你有没有发现,如果你喜欢去饭店吃饭,那些曾经开了超过十年的"老店"现在越来越少;你曾经只喜欢去同一家理发店找同一个技师来修剪头发,但不知道什么时候,那家店的招牌已经换掉了;如果你的企业在北京、深圳、广州、上海这些一线城市,你有没有发现,你公司员工的流动性越来越大,员工年轻化的趋势越来越明显,早高峰或晚高峰的时候,倘若你不再让司机接你,选择去乘坐地铁通勤,你会发现,你身边21岁到28岁的稚嫩的面孔占了80%以上,那么,28—40岁这个年龄阶段的人都去哪里了;你有没有发现,那些国内超级企业的创始人越来越喜欢"秀"自己,如果你看到朋克版的马云站在舞台上骑着扫把装成哈利·波特,如果你看到财神版的马化腾穿着绣满福字的衣服站在腾讯办公楼下给每一个员工发红包,你不要怀疑自己的眼睛;如果你发现有一天让你的企业走到终点的并不是那个和你斗了十年八年的同业竞争对手,而是一个刚刚进入不到100天,甚至根本与你从事的领域毫无关联的公司,你不要惊得掉了下巴,事实上,这样的事情现在每天都在发生……你有没有和我一样的感觉,这个世界真的已经变成另外一个模样,如果你是创业者,如果你是一个要养活几十名、几百名员工和家庭的企业家,如果你再不冷静地看周围,面对这个变化的世界,你的未来在哪里?

这个世界并不可怕,即便行业与行业之间的距离越来越小,各种信息越来越碎片化,企业文创、广告与公关方向的费用越来越高却效果甚微,但我们依然要清晰地看到,塑造品牌、洞察用户的需求依然是企业最为关键的经营之道。在营销上,"1+1=2"永远是一道正确的数学题,谁解决了用户的需求,谁就能走上发展的快车道,这便是和"1+1=2"一样的营销公理,在犹太商业思维体系中,不论我们用何种方法在做营销、做品牌,都不能绕开我们的用户。所有的企业家、创业者以及正准备上路的人们,我们应该预先想到这些变迁、起伏以及波动,既不要人云亦云,也不要因此丧失与之共舞的勇气与能力。多年前，在辅导上万家企业后，我曾迷失过，有段日子，我甚至不知道自己真正需要什么。在万人瞩目的讲台上，我向所有的学员们分享成功之道，但当我真的以布道者的身份重新定位自己的人生价值时，我猛然发现，在这个世界上还有太多太多的事物需要我们去探索，有太多太多的路需要我们去走，后来，我决定向这个世界上最会做生意的犹太人学习，追随他们的历史步伐，我走了很多个国家，回国后，我创办犹太商学院，直到今天我依然在探索着我所传播的"商道"中的变与不变、亘古抑或瞬间。

直到2016年的一天，一家"隐形冠军"手机企业找到犹太商学院，这家企业就是我们前面讲到的HANMAC（海恩迈），这家轻奢品企业在业界第一个颠覆性提出拒绝流水线批量生产手机的理念，进行跨界工匠设计，涵盖建筑、钟表、汽车、珠宝、机械等众领域。HANMAC生产的每一部材质稀贵和工艺精湛的手机都是艺术品，比如它的KNIGHT（骑士）系列、GENERAL（将军）系列、BLUE AURORA（蓝色荣耀）系列以及2016年7月最新推出的BON7（邦德）系列。在本章后面的篇幅中，我们就以HANMAC为案例，和大家一起来探讨品牌真相。在我看来，"隐形冠军"企业

指的是那些不为外界关注,但却主宰着它们各自所在的领域,占据绝对的市场份额,并且各自拥有独特的市场策略,而HANMAC恰恰满足"隐形冠军"企业的六大特征:

一、隐形冠军企业从一开始目标就异常明确。HANMAC的初心就是要在轻奢手机领域做到最出色,不仅要在世界范围内占据一定的市场份额,在技术、服务上也要成为市场的领袖。

在营销领域,谈初心可能让大家想到谈情怀,但当我们将初心换成定位时,想必大家马上就能想起一个人,他就是首次提出"定位"这个词的特劳特,自从1972年他第一次在《广告时代》上连载他的营销文章《定位时代》时,至今已经有44年。时代在变,主角在变,定位的理论却依然是每一个营销人的必修课。2001年,特劳特的定位理论被美国营销学会评为"有史以来对美国营销影响最大的观念"。特劳特将他的定位理论简化为四步,在这里,我简单地做一下说明：

第一步，我是谁？对手是谁？对手有什么？

HANMAC是谁？HANMAC是轻奢手机的领导者。HANMAC的对手是谁？Vertu！Vertu有什么？Vertu是诺基亚所成立的全球第一家奢侈手机公司，Vertu的宗旨就是不顾一切的奢侈。

第二步，找到对手没有的东西。敌强我强，敌弱我强。

Vertu没有什么？这家2002年创立的奢侈手机品牌只面对富豪，所有想订做Vertu的人只有通过预订或特定的专卖店才能买到。不过，Vertu在中国也遭遇了意想不到的尴尬。显得"陈旧"的外形，缺乏竞争力的硬件参数，一成不变的塞班系统，再加上高昂的售价，让Vertu手机屡次成为网民吐槽的对象。人们常常称它为"山寨机"，"丑爆了"，并将其视为暴发户的玩物。

HANMAC自品牌创立之初，就开创主题式手机设计理念。2015年发布的骑士系列，在机身曲面设计上，别具匠心，而机身侧翼的切面设计则让视觉上感觉更轻薄，弱化边棱感。HANMAC骑士系列机身背面造型是由亚瑟王的剑演变，刚劲不失帅气，优雅不失风度。上面的鹰浮雕气势恢宏，个性闪耀。骑士系列在产品技术参数上也有极大提升：

5.2英寸蓝宝石水晶JDI全高清（FHD）INCELL屏幕，分辨率1080P

八核处理器和64GB机身存储空间

1600万像素摄像头，800万像素前置摄像头

PDAF技术（phase detection auto focus）快速对焦

手机背面的指纹识别按钮，操作人性化

无线充电技术和NFC（近距离无线通信技术）的应用

Android5.1操作系统，二次开发植入APP支持安全防丢技术

第三步，不断验证。

检验真理的唯一标准，只有实践。HANMAC凭借多年高端手机市场的经验积累与领先的市场洞察力，2016年推出全新的BON7系列，精准定位于商业成功人士、创业精英、圈层意见领袖，这一系列放大创业精英的"冒险"精神，在产品和宣传上一齐共鸣。在针对目标客户的调研中发现，商务信息的加密是HANMAC手机客户普遍的需求。BON7手机搭载了具有自主专利的指纹切换加密系统，通过硬件加密技术，实现多项信息的机密保护；以造型设计向家喻户

晓的007邦德致敬,汲取了《007》冒险故事中最为得力的要素:汽车和枪械,通过象征主义和解构主义手法,呈现在手机造型上。

第四步,将定位整合到营销的每一个单元,将定位植入到用户的内心。

在这里,我列举一个反面的案例。各位读者朋友都知道,诺基亚在2009年仍然处于巅峰,这一年,它推出了近80款手机,平均每周推出5款手机,可以说这些手机基本上覆盖了所有的畅销机型以及用户诉求,比如:商务、摄像、音乐、游戏以及奢侈品手机Vertu,

可以说是无所不包,无所不及。倘若我们按照定位的传统理论,诺基亚已经把细分市场的定位思路做到了极限。但诺基亚究竟是怎么死的呢?从2010年到2016年是智能化技术发展最快速的6年,智能手机、智能家电、智能房子、智能自行车、智能汽车、智能餐厅,等等,几乎每个领域都被"智能"入侵,而拥抱IT技术的90年代出生的群体到2010年刚刚进入社会,初步具备购买力,当这个群体引导了整个手机市场的需求时,就表示用户的特征发生了显著的变化,他们时而需要社交沟通的便捷,时而需要及时拍照并分享生活的点滴,时而需要商务的品质感,而他们的时间与空间不再是呈线性延伸,而是被快节奏、信息流、大数据击成碎片。

2010年6月,一位广东手机经销商找到犹太商学院,希望我们来帮他们做全程咨询项目,当时他说,现在每个人都有手机,但是我们的手机都不好用,我们的市场部门去调研用户,结果发现,几乎90%以上的用户都不喜欢他们的手机,但我们无法找到解决问题的答案。我知道,这位老总来找我们其实只是为了寻找一个答案:他们应该主推什么机型?

那个时候,全国最大的手机售卖连锁企业是迪信通,如果你仔细观察，就会发现，当时迪信通最盈利的手机一定不是诺基亚的畅销机型，而是某个国产品牌。原因很简单，因为每售出一台国产手机，销售人员可以拿到400元甚至更高的提成，而卖出一台诺基亚畅销单品的利润只有40元的提成。事实上，在当时，不仅手机如此，相机、电脑等设备也是如此，犹太商学院的项目组去北京中关村调研时发现，有人原本准备买一台HP笔记本电脑，结果却抱回去一台在网上都查不到品牌的笔记本电脑。

　　犹太商学院的那个六年前为手机经销商做的方案现在已经找不到了，但结果我却记得尤为深刻，我们建议他只做诺基亚的专卖店。当然，这个方案这位老总并不认同，最终也没有去执行，站在他的角度想，我很理解他，你很难说服他舍弃原本90%的利润却去做只有10%利润的事情。但是，六年后的今天，事实证明犹太商学院制定的营销战略是正确的，你看今天，布局在各个城市的手机零售店是不是都以品牌专卖店、体验店的形式存在？如果你让我用一句话来说明当年犹太商学院为什么要做这样的定位，我会告诉你：当某个领域的所有产品无法满足用户时，下一个风口必定在服务领域。

　　事实上，2010年的手机行业发生了两件大事，一个是苹果公司发布iPone4，另一个就是苹果手机的销售总额超越了曾经的业内霸主诺基亚。乔布斯的出发点就是用户体验，方法是反向资源配置。这款iPone4上市一年销量就突破了5000万。什么是用户体验？什么是反向资源配置？说白了，就是iPone4的定位，它是一部电话、一部MP3、一台微型便携电脑、一台照相机……这些统统都不重要，用乔布斯自己的话说："当你认为它是什么的时候，它就什么都不是了！"

因此，请你告诉我，定位远远高于苹果手机的HANMAC到底是什么？

二、隐形冠军企业一定是偏执的专注，重复、重复、再重复，直到你是行业的第一名。 如果你想撬动地球，首先你需要找到一个支点和一根足够长的杠杆，对任何一家隐形冠军企业来说，如果想成为NO.1，首先就要找到自己的定位，只专注自己的领域，并做到极致，正如HANMAC精准定位于商业成功人士、创业精英、圈层意见领袖，这家企业从产品设计、开店选址、营销方式、品牌塑造都是围绕着这个圈层来不断重复，直到HANMAC的品牌根深蒂固，就像不断将石头推上山顶的西西弗一样，在表面枯燥的重复动作之中，往往隐藏着强大的力量。

三、隐形冠军企业永远最贴近用户。HANMAC的首席执行官钱慰萱坦言，通过手机可以构建一个顶级的人脉关系圈，手机可以代表是某一类人，是社会地位的体现。抛开产品本身，圈层、格调、态度，是这个级别市场中，客户更为关心的重点。

四、与最强的对手站在一起。隐形冠军企业在同一个国家、同一个地区、同一个城市的竞争实际上是世界级的竞争，因为隐形冠军企业知道，最强的对手都在同一个频道，和它们同频共振，才能让自己变得更强。举例说明，在手表行业，百达翡丽（Patek Philippe）、爱彼（Audemars Piguet）、江诗丹顿（Vacheron Constantin）、积家（Jaeger Le Coultre）、宝珀（Blancpain）、宝玑（Breguet）等永远站在一起；在超级跑车领域，法拉利、宾利、兰博基尼、迈凯伦、布加迪等永远站在一起；在高端手机领域，Vertu、HANMAC、三星的W系列等永远站在一起，Vertu早年推出的明星客户就是贝克汉姆夫妇，HANMAC则与迈克尔·杰克逊挂

了钩，而在销售通路方面，奢侈品手机往往会选择在核心城市的一线商场开店，比如Vertu在上海IFC的门店，以及HANMAC在北京燕莎的品牌形象店，周边便是PRADA、GUCCI等国际一线品牌。

其次，"情怀"被很多人认为是学习高端奢侈品的做法，然而"情怀"并不是全部，隐形冠军企业认为，触动情怀往往是因为态度发生了变化，而坚持"态度"才是品牌价值所在。三星的"胸怀"也是实打实的态度，而HANMAC一贯传递的"信念"则是更高层次的精神领悟。

五、品质为王，不放过产品的每一个细节。 在互联网时代，很多手机企业实际上是一家IT技术企业和设计企业，为了减轻自身的负重，他们只做自己认为最具有核心竞争力的部分，而其他更多的业务都交给别人去完成，而隐形冠军企业却认为，要确保卓越的品质，就要在产品加工制造方面有特殊的造诣、特殊的深度。所以，他们独立做所有能做的事情。比如，江诗丹顿作为世界上历史悠久的钟表制造商，自1755年于日内瓦创立以来，从未停止生产。秉承"悉力以赴，精益求精"的品牌座右铭，其每一枚手表均代表了瑞士高级钟表登峰造极的制表工艺，体现了江诗丹顿在世界钟表业界卓尔不群的地位。将设计中心设立在法国钟表之都贝桑松的HANMAC始终在工艺品质上坚持自己的理念，将艺术与科技高度结合，在设计与制作工艺上与汽车、钟表、珠宝、建筑等领域跨界合作，30天才生产出一部HANMAC高端订制手机。将品质做到极致是HANMAC不变的信仰。

六、创新是发展之源,服务是生存的根基。我相信对所有的科技企业来说,创新都是其发展之源,西门子公司平均每10名员工中就拥有1项专利,华为公司在互联网视频领域就囤积了3600多项专利,苹果公司平均每周增加的专利数是75个,而顶级的隐形冠军企业更是平均每10名员工中就有3项专利,是这些企业的3倍,但实际上,产品和技术的创新依然不是隐形冠军企业的核心竞争力,它的核心竞争力在于服务,对隐形冠军企业来说,服务是其生存

的根基。创新不是程咬金的三板斧,而是持续不断地进行改进。HANMAC作为全球当之无愧的轻奢手机领军品牌,从工艺的使用上就将"奢"字最大化。像精密数控机床,大到航天器,小到机械腕表中的齿轮,都需要CNC(计算机数字控制机床)的技术,CNC面世已经有不少年头,但是依然不能阻挡我们把它推向新的高度。因为加工时间和材料消耗成本巨大,别的手机品牌只敢在少量精度要求最高的地方使用,HANMAC却毫不吝啬,用CNC錾刻手机正反面和侧边的功能部件及装饰部分。至于客户私人订制的图案或文

字,更是可以从零开始设计制作。HANMAC的首席执行官钱慰萱女士在讲到这项工艺的时候,满怀深情地诠释:我们帮你在手机上篆写你自己的故事。HANMAC的名字,原意为handmade magic,即"手工打造的魔法"。作为轻奢手机界的领军品牌,HANMAC引发越来越多社会精英人士追捧和钟爱的另一个重要原因,就是HANMAC对用户个人信息安全领域的高科技应用。在保护个人隐私安全的同时,针对个性化数据给用户提供针对性的高端服务,也是这个品牌的服务优势。

品牌真相

在了解品牌真相之前，我先讲创业型公司应该如何做产品，产品究竟是什么？

在传统的营销教科书中，产品被分为三种：核心产品、外围产品、外延产品。核心产品是整个产品概念中最主要的构成部分，意味着产品的真正价值，比如，OPPO手机的广告语"充电5分钟，通话2小时"，这就是典型的针对核心产品价值方向的提炼。在传统的营销策略中，如果你针对核心产品的价值方向判断有误，那就南辕北辙了；外围产品指的是核心产品的表现形式，比如名称、包装、外观以及其他的实体服务价值。视觉体验是用户产生购买欲望的必然因子，因此，外观差异化也是产品有竞争力的有效方式之一，比如HANMAC手机骑士系列，背面设计如骑士之剑，将手机握在手中如手握利剑，背面顶部是一个手工打磨的玫瑰金或钢本色的雄鹰浮雕,雄鹰是法国贝桑松的徽章上的图案,而贝桑松则是HANMAC的诞生地;外延产品是用户购买产品的所有附加服务和权益,比如,2016年即将蓄势待发的HANMAC HOME,为更多高端客户及会员提供高端订制化私人服务,让每位客人都享受最贴心的会员权益。计划推出的有全球高端订制商旅服务、全球高端健康产业平台、全球高端金融理财服务、全球高端社交圈层对接平台等。HANMAC HOME最先打造的板块是HANMAC健康产业中心板块,力求打造国内领先的私人健康服务机构,凭借品牌创始之初的私人尊崇服务与多年来积累的行业经验和顶级医疗资源,以国际化的健康医疗服务理念,专业打造第一家创新综合服务平台,集"健康管理、靓颜管理、未病管理、IVF管理、慈善基金"于一体,致力为客户提供私密、高效、尊享的健康、容颜、私密增值服务。同时,HANMAC还计划成立慈善基金会,为了让尽可能多的贫困先心病患者得到治疗的机会,让患者摆脱先心病困扰,让婴幼儿及儿童健康成长,HANMAC慈善基金会将联合上海远大心胸医院,发起"小蕊心梦想"贫困先心病儿童救助项目。HANMAC HOME还会陆续推出更多板块,为用户提供更多、更周全的增值服务以及专享特权,可以说，HANMAC是将高端人群紧密黏合的一个平台，提供精准的服务；HANMAC手机将不仅仅是一部手机，更是一个集合交流、咨询、投资与服务的战略合作平台。

正因为产品拥有核心产品、外围产品、外延产品三种属性，因此，在市场竞争中我们可以根据用户需求、市场环境以及自身产品的特性有针对性地打造产品的核心竞争力。实际上，不管在哪个领域，没有哪个企业能在这三种属性中都做到业内第一名，因为任何企业的资源都是有限的，因此，在实际运营中，应该理性大于感性，找到自身某一方面的绝对优势，在这一属性上做到不可复制。

事实上，在很多高科技行业，绝大多数创业型公司的产品往往不是死在"品牌竞争"的路上，因为当他们的产品也许还在生产线上时，那些拥有强大资源的品牌就已经进行技术更新换代，创造出新的技术、概念和用户需求，让自己始终保持在行业前沿的位置，一方面保证市场安全，另一方面保证绝对利润。比如苹果公司，一年研发费用超过80亿美元，它推出的每一代新产品都能确保引领整个行业的发展潮流，但在中国本土，又有几家企业能拥有苹果公司雄厚的资本和研发实力。

　　事实上，固守核心竞争力与开发新的竞争领域一直就是企业经营者们最困难的抉择，它甚至是直接决定企业"生与死"的大关，诺基亚曾死守WP系统，让自己的手机市场份额越来越小，最终被微软收购，德国西门子将其手机部门早就转给其他公司，多普达品牌完全被HTC取代……每当技术或市场发生突变，曾经的领头羊如果没有进行匹配的更新换代，马上就会失去统治地位，事实上，不仅

在手机领域，在其他行业也是如此，这甚至成为一种商业规律。如前文所说，行业领头羊一定会投入巨资让自己确保产品更新换代上的绝对领先地位，因此，苹果公司总裁库克在新一代苹果手机上市之前来中国，假如有人问他，iPhone7有哪些新功能，我敢打包票，库克一定会这样回答你："Sorry,I don't know！"

尽管如此，初创企业也不是没有办法进行破解，在我的犹太经营哲学体系中，就有一个专门应对的方法：变中求进。市场每一秒都在变，没有人能准确预测下一秒发生的事情，尤其是中国的市场，不论是哪个行业，它所呈现的是一条起伏的波形成长轨迹，但正因为如此，我们所做的一切才真正有意义，因此，没有哪家公司的新产品能满足用户对下一代产品全部性能的需求。现在，产品更新换代速度加快，许多产品的换代周期甚至不到一年。此外，每当市场发展到一定的阶段就会有一个临界点出现，甚至会发生整体的结构性改变。不论是产业升级，还是市场升级，都是一次新品牌进行颠覆的机会。

大浪淘沙，商业真正的魅力就在于此，很多领域都会出现新的挑战者，这些挑战者只要找到入口，就很可能实现颠覆。我举个例子，截止到2016年7月底，HANMAC在中国本土一线城市已经快速开了60余家专卖店，每家专卖店的选址都在核心商圈，和世界顶级品牌专卖店比邻，如Chanel、Louis Vuitton、Gucci、Burberry、Dior、Vertu等，显然，颠覆者需要在关键的时候一击而中，HANMAC通过这样的布局，能快速完成产品的定位，但前提是要经过长期的布局，这不仅需要大量的资金、资源的投入，更需要像鹰一样快速、迅猛地猎杀。操刀HANMAC线下专卖店的龙玺集团在奢侈品品牌管理和高端营销渠道等方面拥有核心资源，同时，它也是Vertu手机中国区核心经销商之一，曾用三年时间，就成为Vertu品牌在中国东北地区最大的经销商，并在多个城市建立Vertu专卖店。

何谓变中求进？通过借力、整合，新生品牌在获得一定的资源积累后，不能再沿着老路走。跟随业内第一名的目的是为了暂时咬住对手，但不是一辈子都咬住不放，真正的比赛依然靠的是其独特的核心竞争力。肯德基最初采用跟随的战术与麦当劳在中国市场平分秋色，但今天，我们看到在中国的市场份额方面肯德基已经远远超过了麦当劳。

这个世界上从来没有两条一模一样的河流，当你这一秒看到一条河流时，因为河水不断地流动，这条河流已经发生了变化。变中求进的经营哲学不仅体现在如何对待市场的变化莫测上，事实上，我们自身的品牌也像河流一样，不断地运动，不断地新陈代谢。

　　品牌塑造的根源在于对人性的理解与把握，它是在精神层次上与用户产生共鸣，它是一门生意，是一门充满艺术的学问，它来源于生活又高于生活本身，这便是品牌真相。拜耳在央视有个感冒药

广告,广告词是这样的:"白天吃白片不瞌睡,晚上吃黑片睡得香。"显然,这种"药"不仅疗愈感冒患者(用户)的身体,还进入用户的内心,与用户进行深层次互动,在心灵上形成共鸣。

在消费水平差异化的时代,产品的差异化定位很重要,但这只是产品级的竞争,如果只强调定位在品牌塑造上是苍白无力的,尽管用户可能会因为你的定位记住你的品牌,但在他们心中,记住并不等于认同,你依然无法取代消费者心中那个固有的位置。因此,在快速建立产品差异化定位之后,塑造品牌就是通过创立象征、一系列的品牌符号以及感性的故事,来进入潜在用户的内心世界,进入他们的灵魂,不仅满足他们的需求,更满足他们的渴望,最高的境界莫过于将产品和品牌融为一体,成为一种文化象征。举例说明,哈雷摩托在用户心中的符号是怎样的?它并不只是一种通行工具,也代表一种崇尚自由、桀骜不驯以及冒险的精神,对哈雷粉丝们来说,骑行哈雷摩托并非是从A点到B点,而是骑行哈雷摩托本身,这就是与灵魂进行对接,也就是品牌真相。

这个世界上卖得最好的产品不一定是最好的,但一定是用户最信赖的,比如国内电商平台京东,正是靠其出色的物流系统和服务口碑成就了其4800亿元的销售总额。如果你在京东购买其自营的产品，即便你使用了半年之久，当产品质量出现问题时，京东采取的方法是快递员免费上门取件，经过后台检测之后，免费为用户提供换新。记住，是换新而不是维修，相比那些打了几天电话都不露面、后台只有邮箱没有直拨电话的售后服务，用户的心一下子就被京东获取了，因此下定决心，家里不管添置什么，只要京东自营上有，就一定在京东上购买。用户对京东这一切的认知，并非建立在他们所选择的某个产品品牌上面，而是建立在京东提供的周到、体贴的服务上面。

用户根本不知道产品本身的好与坏,尽管没有能力鉴别,他们却有自己的感受与认知,这种感受与认知便是品牌真相。

在这个世界上,有三座伟大的金字塔,一座在埃及的沙漠中,一座在罗浮宫前,而我认为最伟大的一座便是马斯洛的人类需求金字塔,可以说,他洞悉了人的本质。人的每一个层次的需求都是生命的意义所在,生存在这个地球上的芸芸众生,每天所追求的莫过如此。商业的魅力不仅在于市场上蕴含着大量的财富,还在于每个品牌背后那些卧薪尝胆、不可思议的故事,而品牌真正的意义在于它永远是一个过程,就像我们的生命一样。

HANMAC咨询项目纪实

HANMAC手机的董事长叫邢绍春,军人出身,在沈阳起家。2007年,有一个叫作Vertu的高端手机牌子非常火,而Vertu手机在中国的市场就是他做起来的。他当时非常有远见,他觉得Vertu手机作为奢侈品还是相当有市场。但是他后来发现,不管怎么做始终还是帮别人做嫁衣,所以他想创造一个属于自己的品牌。

后来,他重金收购了法国HANMAC品牌手机,并将这个品牌的法国logo、商标、团队、设计师全部收购,让整个品牌直接沿用了其法国的血统。当时他使用的是重资本投资的传统思路,比如去机场开大店,定位非常高,最贵的手机高达十六万八千元一部。

后来，他发现这种重资本路线出现问题了，就找到我寻找解决的办法。于是他跟他几个股东一起来上"犹太奇迹"这门课程。我问他为什么要和几个股东一起来，他说一起上课改变思路后，大家的频率才能一致，沟通成本也下降了，不然就容易产生矛盾。如果大家同频，沟通起来容易一拍即合，效果很好。

HANMAC手机最吸引用户的首先它是纯手工量身订制的个性化法国品牌手机，并由原来的设计师、团队打造，沿用原来的商标和工艺。一对一的订制手机具有以下几个特性：私人订制、文化元

素、顶尖材料、优异品质。HANMAC定位的客户群体从来不是所有人,而是那些想要有个性化特质、想要展现自己的身份、追求与众不同的人,例如,姚明、刘翔、朱军、周立波、杨澜这些人都在用这个手机品牌。

这款手机最主要的作用是彰显自己的个性,而不是上网打电话。以前,大家都以为苹果手机能彰显自己的身份,结果发现满大街都是手持苹果手机的人,那你还有什么身份可言?还有什么尊贵感可言?如果你想要彰显你的个性,怎么办?HANMAC手机要做的就是解决这个市场痛点。

曾经，HANMAC手机的董事长和首席执行官，为了向我咨询关于他们的思路是否可行的建议，特意从上海飞过来，我被他们的这种精神所感动，等到确定合作后，我们去他的总部进行调研，开始对产品进行梳理。

要想改变你的公司，一共有四种方式。第一，改变产品结构；第二，改变商业模式；第三，改变行业。还有第四种，先说一说这前三种方式。

改变产品结构是什么意思？比如说，我有一个学员，她以前是做品牌女装，但是她的品牌一般，而市场竞争又太强。后来她跟我

上课后，她决定要改变，因为女装的季节性变化特别快，很难有立足之地。她想要改变产品结构，不做女装，但还是做服装，怎么办呢？因为她有很多军队方面的资源，所以她最后决定做军队服装。结果，短短几年之后，她做到了整个东南亚地区军队服装的NO.1，做到这种程度在同行业中也算屈指可数。这是什么原因？原来军队服装对款式的设计要求没那么高，同时对品牌的要求也没那么高。所以，她只是改变了产品结构，就成功了。

再举例，中国的房地产业在过去五到八年是鼎盛时期，但是现在的房地产怎么样？处于转折点，可以这样说吗？的确处于转折点。在过去住宅很好卖，但是现在我们不能再做住宅了。那如果我还是做房地产，我就可以做国家政策扶持的房地产，帮助国家解决在房地产方面的痛点，比如养老房地产、教育房地产，或者城市改造，等等。这些房地产还是有市场，并得到国家鼓励的，我们是不是可以做这些？当然可以。这就是犹太思维，确保出口没问题，先找出口再找入口。所以，我还是做房地产，只是改变了我的产品结构。

第二，改变商业模式。举个例子，茅台过去是靠传统的坐店等客上门来买，但是现在茅台改变了它的传统商业模式，采用了创业者联盟的方式在全国推广营销，即每个人花一万块钱，成为茅台的经销商，拿货在五折以下。利用这个模式一下子在全国有10万个经销商，大家一起来推广茅台这个品牌。茅台所在的行业不变，产品也不变，但改变了商业模式。

第三，改变行业。言简意赅，就是你换个行业。当然可能有的人会说，老师，我既不改变产品结构，也不改变我的模式，也不改变行业，有没有第四种办法？有，第四种，叫作等死。你啥都不变，还不等死吗？现在的社会，唯一不变的是什么？就是变。你是要变，还是等死？

之后，HANMAC做了三件事情，第一件是改变它的产品结构。以前最便宜的HANMAC手机是19800元，后来HANMAC重新定位为轻奢手机，最近出来的一款邦7手机定价在一万块钱以上一点，这个价格还是可以让大部分人接受。还有我要告诉大家一个好消息，我成为全球第一部邦7手机的体验官，除此之外，HANMAC推出骑士款手机的时候，我也是全球第一个体验的人。

言归正传，HANMAC改变了产品结构。以前只是自己开店，而现在要在全国大流通，并且要进入手机卖场，让他们去做，保证手

机销量。这就是我们做的第二件事情,我们改变了HANMAC手机的商业模式。过去由自己开大店,但现在我们自己不开大店,而是开店中店。也就是说,在人家的大店里面做小店,在人家的店中吸引消费者,这叫作店中店的模式。而且,这个模式不用投资那么多钱,我们用众筹的方式一起把它做起来。

此外,我们还做第三件事情,我们规划一个HANMAC HOME,就是HANMAC之家,它可以召集所有HANMAC手机的爱好者,让他们组建成为一个俱乐部,一起整合资源。这也是一件值钱的事情。

在HANMAC手机的推广和营销中,我们除了做HANMAC手机背后的整个战略规划外,还让HANMAC顺利签下了中国乒乓球队总教练刘国梁和里约乒乓球男队领军人物张继科作为形象代言人。如此,按照既定计划,今年邦7手机将轻松拿下几个亿的销售额。明年做10个亿应该问题不大,后年能做到20个亿,到那个时候,我们就可以助推企业上市了。可见,我们赚的不仅是差价,而且是企业的估价。如果做到20个亿,利润就是几个亿,不出几年时间,这个公司就能够成为一家市值50亿到100亿的公司。

像这样的一部手机,你想拥有吗?又或者说,如果作为一个喜欢彰显自己个性的企业老板,我觉得拥有一部这样的手机是值得的,你同意吗?所以有时间可以去HANMAC手机的实体店看一看,因为这的确是一款与众不同的手机。

HANMAC公众微信

第四篇
重塑

传统企业怎么办?

战略重塑

破 局

传统企业怎么办？

未来，咖啡厅还是咖啡厅吗？书店只卖书吗？银行的等待区域可不可以变成一个书吧？候机大厅能不能摇身一变成为国际化的社交平台？诺基亚、柯达、东芝、索尼、摩托罗拉……一个个曾经如雷贯耳的名字，一个个曾经被商学院作为分析案例的企业，在互联网时代轰然崩塌。

在本书的前面三篇中，我们已经先后讲到了犹太经营哲学体系中的"入口篇"、"颠覆篇"、"品牌真相篇"，分析了十余家企业的营销之道，尤其是在"品牌真相篇"中，我们知道，不论是诺基亚、柯达，还是索尼，这些企业的品牌之道我想甚至可以影响未来30年的商业，尤其是柯达，连苹果公司创始人乔布斯自己都承认，曾经"偷师"柯达公司，甚至可以说，没有当时的柯达，也许就没有今天的苹果公司。柯达在破产之前，曾拥有这个世界上最顶尖的技术团队。那么，这些曾经在浪潮之巅的企业究竟是怎么死的？真相只有一个：他们丢掉了壮士断腕的勇气。然而，即便是今天，这些"悲剧"依然在不断上演，连剧本都差不多，比如乐视之于有线电视、数字电视；智能自行车之于传统自行车；京东之于苏宁、国美；微信之于联通、电信，等等。

华为创始人任正非在华为内部反复强调，"大机会时代，要坚决拒绝机会主义"。正是在这种信念的引导下，华为走到今天，一步步成为今天的全球电信业的王者。但在过去的三十余年中，中国绝大多数企业并不是这样的，他们大多还是什么赚钱做什么。在这种背景下，你让他们放弃曾经手到擒来的面包，有几人能舍得呢？前段时间，被曝光的"莆田系"民营医院就是一个典型。三十年河东，三十年河西，随着"互联网+"时代的来临，信息走向透明化，曾经依靠信息不对称建立起的商业模式开始土崩瓦解。再加上现在消费者主权意识的觉醒，以及全球化的到来，这几股力量都将倒逼企业经营从机会主义走向实力主义，企业经营的一切都回归本质。

2016年5月，北京市政府曾发布一条消息，未来将破除社区之间的围墙，逐渐将封闭式社区改造成开放式社区，新建社区将不再建设围墙。事实上，互联网早已冲垮了许多产业的围墙，未来社会的趋势是无墙化的，在这里，没有特权，没有专属领地，一切都是透明的，除非你选择掩耳盗铃、视而不见。实际上，几乎所有的中国企业，不论是国企，还是民企，大家都不约而同地发现，钱越来越难赚了，以往"躺着赚钱、赚快钱"的打法已经失效了。我们将中国本土企业传统经营模式总结为以下三个特征：

1. 粗放式经营

传统企业一心求大，我们犹太商学院接触了很多企业，尤其是其产品研发部门，大多数研发人员一谈到技术就两眼发光，一谈到用户就双眼无主。我说的传统企业并不是指一些只追求体量的生产型企业，也包括一些新兴的企业，这样做出来的产品结果就是技术的累加。在这样的经营逻辑下，也许产品规模越来越大，企业规模也越来越大，在传统的价格战中也许能获取一些优势。只是现在体量越大越危险，蚂蚁吃大象的故事几乎每天都在上演。产品体量越大，企业就要竭尽全力做大销售渠道与传播渠道，自上而下塑造影响力，这种不停"做加法"的策略只会让企业陷入泥沼之中。

2. 团队土崩瓦解

犹太商学院去一些企业做调研时发现，很多老板将课堂上学到的东西拿回去在企业内部做内训，讲转型、"互联网+"，但从高管到中层却一点都不着急，有的讲完也就三天热度，之后大伙还是像以前一样，该怎么做就怎么做。有的企业甚至请猎头从BAT高薪挖人，来的时候恨不得用八抬大轿抬，一年之后，这些人绝大多数水土不服。

传统的经营策略决定了我们的企业就像一艘船，员工是四个轮子，中层是传动轴，高管是发动机，老板要做的就是按照既定的标准找到并养护一个个严丝合缝的零件。但当我们将一只脚跨进互联网时代的大门后，突然发现这个运行了几十年的逻辑行不通了，以前我们是战略决定组织，组织跟随战略，现在需要调整为愿景驱动人才，人才驱动战略。如果你现在还以传统的模式来招揽人才，后果不堪设想，这一代人才和上一代人才已经完全不一样了。90后们从一出生就生活在"不缺钱"的年代，所以，很多企业员工今天在上班，明天可能因为一个小小的不愉快就撂挑子不干了。

3. 集体性焦虑

对传统企业而言，互联网真真切切地带来了致命的冲击和变革，一切都在真实地发生，没有谁能逃得过去。广东历来作为改革的桥头堡，在这个地方，早在2010年，很多企业就依靠灵敏的嗅觉进行了战略调整，但一路往北，我们发现，绝大多数企业不仅不适应这种变化，甚至患上了一种对未来、对互联网的集体性焦虑。实际上，互联网让传统企业不舒服并非是互联网的问题，而是我们自身出现了问题，或者是我们的商业模式已经落后于这个时代，或者是我们的管理方式无法适应现在的社会形态，或者是我们的产品、业务跟不上用户需求的变化。

在我看来，互联网给所有行业带来了一个新的商业机会，未来，所有的企业都是互联网企业，这就像一个潘多拉盒子，打开了，海阔天空，企业将进入一片新的天地。

在准备写这本书的时候，我曾与迅鹰公司的出版人莫庸先生谈到我的想法，他给我带来一本PayPal（贝宝）的创始人彼德·蒂尔的著作《从0到1》，后来，我仔细阅读了这本书，发现彼德在书中也阐述了与犹太经营哲学近似的观点：其一，成功的企业垄断，失败的企业竞争；其二，创业者要洞察并追随趋势，否则你永远在做从1到N的量变式的创业，永远也无法跨越从0到1的门槛。

那么，在互联网时代，应该怎样建立一家成功的企业呢？尤其是传统企业，应该怎样才能高效地成功转型呢？在犹太经营哲学体系中，我们总结出三种方法：

第一，快鱼吃慢鱼。大多数传统企业都求体量的变化，然而，几乎所有成功的企业都是从细分市场开始做起，先满足一个特定的群体，因此，要实现转型，首先需要自断其指，将所有的资源都集中在一点，形成快速反应、快速打击、快进快出，从产品投放市场到退出市场完成产品的更新换代。

第二，大鱼吃小鱼。不论哪个行业，80%以上的企业都是中小型企业，呈现出"散、弱、乱"的局面，多数抗打击能力弱。从现在互联网发展的态势来看，这个局面必定被打破，"大鱼吃小鱼"将是常态。当在某个细分市场占据绝对优势时，如何扩大规模？采取侵蚀相近领域的方式，逐渐形成生态圈。

第三，河鱼吃海鱼。中国改革开放的前三十年，坚韧的创业者们造就了一幅逐鹿中原、大浪淘沙的经济鸿图，国有企业高举高打，民营企业野蛮生长，从北方三省到南方工业重镇，无一不奉行标准化、机械化的体量为王。持续的规模与体量之争，反而让企业失去了初心，失去了背后的价值观、对文化以及灵魂的追求。当互联网让数亿用户重新回归到舞台中央时，当他们的话语权重新成为商业核心时，企业曾经的体量为王就成了自己为自己挖掘的坟墓，于是，在企业界，就出现了河鱼吃海鱼的"经济生态怪圈"。这是一种破坏性创新战略，曾经毫不相关的互联网技术企业、媒体企业先是用低端产品进入市场，在技术上进行更新换代，通过内容的黏性、与用户的互动以及商业模式上的创新，逐渐形成破坏性创新。

2016年3月16日，李克强总理在全国人大记者会上说，要将"定制化生产"纳入发展新经济的范畴，更重要的是他将定制化生产定位于中国经济发展的新动能。媒体上大范围解读总理讲的"新动能"的含义，各路经济学家也在不同的场合用数据、企业实践来验证。2016年7月24日，中央电视台《新闻联播》节目曾经用空前的4分15秒来报道长三角城市合肥，其中就报道了一个叫科大讯飞的高科技公司，他们为高铁定制的量子通讯、为银行系统定制的智能机器人小曼等项目恰逢其时。我们不难看出关于合肥的这篇可以说是破天荒的重点报道与总理讲的"新动能"之间存在着"呼应"的逻辑，显然，国家在明确地向各路企业家与创业者们传递一个信号：以前的打法失灵了，新的风口在这里；一个省会城市的经营尚且如此转型与重塑，一个企业的经营岂不更应顺应趋势？但是，"只缘身在此山中"的中国企业家们有多少明白总理与"顶层设计"的良苦用心呢？

我们中小企业的悲哀就在于经营者前面三年用来摸路，在摸路的过程中死掉了80%，剩下的20%在接下来的五年中去解决最基本、最传统的企业经营问题。在面对寒冬时，我们绝大多数的中小企业主甚至连身御寒的棉衣都没有。

我举个例子，犹太商学院的平台上有个在深圳做硅胶的贸易公司，创始人是位女士，她1996年从湖北老家来到深圳，当时只有20岁，她在不同的工厂做过生产线、采购、中层管理、销售等不同的岗位，后来有了一些资源，自己做个体户，将老家的弟弟、妹妹带过来，现在，贸易公司的营业额每年在8000万元左右，这几年，她非常痛苦，用她的话说，这种痛苦比刚刚创业时的艰难甚至更难熬，一方面，经过这些年，她认为，贸易公司的发展已经到了一个天花板，这其中有许多小企业都面临的家族化的原因；另一方面，从2012年下半年开始，很多生产型企业倒闭，这个时候，作为一家左手进、右手出的贸易型公司就要承担巨大的经营风险。2014年，她将贸易公司的经营权交给弟弟、妹妹，自己开始出来"找路子"，到各种企业家平台去听课。在一个平台上，她听到别人讲互联网餐饮公司的生存方式，比如黄太吉、雕爷牛腩、西少爷等，正在寻找新出路的她马上决定投资餐饮业，用了不到三个月时间，她先后投资数百万元投资了三家连锁火锅店，不到一年，又用了不到一个月时间，关掉了三家店。在经营火锅店的过程中，她又看到微商模式的兴起，尤其是面膜产品的高利润（相比传统的贸易型公司，化妆品行业就是暴利），微商这种短、平、快的打法是她做了十余年的传统贸易公司所无法想象的，于是，她决定投资面膜产业，收购了一个"从头到脚趾"的"膜品牌"，并且斥资入股面膜工厂，等她真正进入到这个全新的领域时，这才发现，传统贸易的"差价"思维给她造成的"暴利"假象实际上才真正是一个巨大的"烧钱"旋涡，因为进入的门槛低，海量创业者、社群组织者甚至拥有5000个"忠粉"以上的个人穷尽一切混战、厮杀一片，处处血流成河，但在厮杀中，在谁也没有退路的情况下，有谁愿意第一个站出来说，别再进了，千军万马站在一座岌岌可危的独木桥上，再进来这桥就垮了！更何况，就算有人站出来说了，准备上桥的人也不会信，在他们看来，也许，真实的心理对话是这样的：那里肯定有金山银山，不然，大伙不可能都呼啦啦涌到那里。

当她找到我时，她又要准备再次上路，选择另一个全新的项目。我告诉她，你先来上我"犹太商道"的课，三天之后，你再做决定。在课上，当她真正了解到犹太商学院平台上的沙米、美德鲜、HANMAC等项目的市场操作、品牌运营时，她才恍然大悟，原来，互联网品牌真正的精髓是像HANMAC一样，对品牌真相深层次理解，所做的一切营销与产品都融为一体；互联网真正的营销始于创始人骨子里的热爱与坚守，就像沙米，当你看到创始人滕飞站在曾经一片荒芜如今绿茫茫的水稻中时，你就懂得了什么是真正的情怀，而不是将近视眼镜换成老花镜，左手拿着锤子，右手握个改锥，在20世纪80年代昏黄的老台灯下，将自己扮演成皮鞋匠，表演出"工匠精神"；当你看到生于1983年的广东潮汕、美德鲜创始人

庄仲锐在农产品领域积累了多年之后,布局互联网时代的生态农业产品链条的整个流程时,你才能明白,原来一切商业的本源并非成就自己,而是成就他人。

可是,我们这个国家有太多太多的中小企业主陷入了经营的迷局,每每想到这里,我的心中总有一种无法言说的痛苦,我个人的力量太薄弱了,犹太商学院的平台依然在发展中,现在,我们能影响到的人实在太少了,即便我每天都讲课,一天24个小时不停地传播犹太经营哲学体系,一年下来,我们能影响到的人也是极为有限的，但即便有一天我的喉咙再也喊不出声音来，即便有一天，我可能倒在讲台上，我也不会停下来。事实上，有一天凌晨，课程结束后，司机开车送我从东莞回广州家里，在半睡半醒中，我真的无法喊出声音来，不管我使出多大力气……从那一刻起，我就决定，我要将犹太商学院平台上的商业案例整理出版成书，尽管自己常年世界各地讲课，在匆忙之中，文笔也许并不优美，写稿时间也从一开始的5个月到现在的8个月，但本书中的一切，都是我的肺腑之言。路漫漫其修远兮，吾将上下而求索！

在犹太商学院平台上的创业者与企业家们不外乎有三种，一种是来寻求商业思维（方法），试图找到在经营中遇到的问题的解决方法；一种是来寻求平台和资源，将自己的企业上升到一个更高的境界；一种是学习、充电，学习是对过去的反思与对未来的重新规划，充电则是提升创业者自身重新上路的勇气与激情。我将犹太商学院的平台定位成一座充电桩，这个平台上的创业者与企业家来自全国各地，他们上个三天或五天的课程就等于"充电"，回去时充着满满的智慧与能量，当他们感觉电池即将耗尽时，再回到犹太商学院来"充电"。

犹太商学院曾给一家"传统得不能再传统"、"典型得不能再典型"的健康医院做过一次系统梳理。这家健康医院当时给我的印象类似是第三种情况,从创立至今已有十余年,但其经营思维、品牌塑造、管理模式、盈利模式都是十年前的方式。犹太商学院的"地面部队"去实地考察之后,用十六个字来形容:坐店经营、盈利单一、管理落后、毫无创新。

以前,中小企业能够靠"一招鲜"取得商业上的成功,确切地说,这是依靠"术"而并非依靠"道",虽然也能取得一些成绩,但到了2012年前后,再想用之前的打法,还想守住以前的成绩,只能说这种机会越来越渺茫了,这也是我们犹太商学院的课程为什么叫"犹太商道"而不是叫"犹太商战"或"犹太商术"的原因,"道"讲的是全局观,它既有"根性"的文化,又有洞察未来商业轨迹的能力。犹太商人鼓励人们独立思考,在我看来,这也是创业者必不可少的基本素质,此外,犹太商人是天生的商业"变色龙",在犹太商业思维体系中,要想成功,首先就要打破常规,因此,犹太商人往往能以最快的速度抓住商机。

战略重塑

在犹太商业思维体系中，现代企业的战略规划和传统企业的战略规划最大的区别就是它并非几年不变，相反，它随着市场、竞争环境的变化不断做出相应的变化，我将其命名为战略重塑。在某个领域中，随着时间、用户、市场、竞品的变化，原有的市场被行业新进入者以及竞争对手挤占，而原有的企业战略已经老化，这个时候企业就需要根据用户、市场的需求以及自身的情况进行战略重塑。我认为，传统中小企业尤其是连续三年没有做战略重塑的企业可从以下四个方向寻找突破口：

一、**国家政策方向**。比如国家曾经禁入领域的旧政策现在被废除，国家扶持的行业，国家制定的新技术标准带来的行业变革，等等。

比如犹太商学院平台上的沙米项目,自李克强总理在2015年政府工作报告中首次提出"互联网+"战略以来,农业如何在"互联网+"的模式下寻求产业突破;如何破解"互联网+农业"实施障碍,带动农业产业健康发展;如何打破农产品原有模式降低成本等,成为沙米思考的主要方向。沙米在面市之初,为了节约成本,给消费者提供一款国产的平价有机大米,采用的是网络直销模式,使消费者可以通过较低价格购买到正品有机大米。同时,通过互联网,消费者可以直观地看到大米的种植过程和生长情况,对大米品质更能认同。传统模式认为,大米就是大米,即便是有机大米也只是餐桌上一碗不起眼的主食。但是沙米在"互联网+"中看到了健康生态圈模式。沙米的创始人滕飞认为,沙米就应该打破"米"的形态,而"互联网+"的概念并不仅仅局限于在网上卖产品,这一初级形态,更包含了跨界、创新、开放、连接一切的诸多内容。所以,沙米也应该开放,应该跨界,开创出一个有机大米的健康饮食生态圈。

2015年年末,沙米与致力于沙漠治理的全球领导品牌亿利资源集团终于达成一致,沙米在获得腾讯、京东数千万元美元投资之后,又获得亿利资源集团的渠道、资金支持。那时,沙米已经获得了15项

专利、4项发明,滕飞懂得,和亿利的合作,才能真正给沙米插上翅膀,让原本每年5倍的增长变为20倍甚至30倍,在本书第一篇中,我们曾详细分析过沙米的营销案例,在犹太商业思维中,这叫借势。

2016年3月11日下午,亿利资源集团创始人王文彪和其他四位企业界委员一起出席全国政协十二届四次会议第四场记者会,就"提振经济发展信心"接受众多媒体采访。一个小时的记者会,王文彪委员两次被媒体提问,其精彩的回答中"金句"不断,充满了对中国经济发展的信心,这信心来自哪里?来自无所不在的新机遇。王文彪认为,机遇主要来自三大方面:首先是区域发展的机遇。国家接二连三出台相关政策,推动长江经济带建设、京津冀一体化发展,包括东北振兴、西部大开发,特别是"一带一路"战略,为企业家带来了"上百万亿量级的重大投资和市场";其次是供给侧改革的机遇。作为名副其实的世界第二大经济体最重要的消费大国之一,中国拥有世界上最大的中等收入人群,且每年增长20%以上,这本身就是一种巨大的市场潜力。王文彪说,"希望我们的企业加大技术投入、降低产品成本、提高产品质量、提高产品美观度和体验度,满足中国消费者的需求,引导中国的消费者买中国的手机、买中国的马桶盖、买中国的化妆品";其三,是绿色发展的机遇。绿色发展是国之所望、民之所盼,是中国经济发展的必然趋势,生态优先战略是国家的重大战略。王文彪指出,仅仅西部地区就有26亿亩沙漠,其中三分之一可以治理利用,这就蕴含着十几万亿元的投资空间。因此,绿色发展战略空间广阔。

2016年8月19日,全国卫生与健康大会召开,国家主席习近平发表重要讲话,他强调,没有全民健康,就没有全面小康。要把人民健康放在优先发展的战略地位,以普及健康生活、优化健康服务、完善健康保障、建设健康环境、发展健康产业为重点,加快推进健康中国建设,努力全方位、全周期保障人民健康,为实现"两个一百年"奋斗目标、实现中华民族伟大复兴的中国梦打下坚实健康基础。

这个讲话透露的商业信息显然在"健康"的主题上，对于沙米来说，供给侧改革就是优化流通结构，节省交易成本；实现消费品不断升级，不断提高人们的生活品质，实现创新—协调—绿色—开放—共享的发展。

供给侧改革是中央提出的"从提高供给质量出发，用改革的办法推进结构调整，矫正要素配置扭曲，扩大有效供给，提高供给结构对需求变化的适应性和灵活性，提高全要素生产率，更好满足广大人民群众的需要，促进经济社会持续健康发展"。

中国一直是农业大国，但是近两年，随着人们生活水平的提高、互联网的应用，进口的农产品对我国传统农业带来了很大冲击。供给侧改革就是要优化我国农业产业结构，提高农产品品质。沙米生产的是在内蒙古通辽地区进行荒漠化土地还原过程中衍生出的有机大米，受地理因素影响，采用古法种植，并且不需要任何化学肥料和农药，是中国最纯净的大米。

沙米看懂了国家政策，因此开放思维，及时进行战略重塑，广开渠道与周边企业跨界合作，依托自身产品的纯净健康与其他健康食品企业开展广泛合作。近日，沙米分别与水荷塘餐饮和绍兴百岁

堂达成合作协议,水荷塘餐饮将以其技术,专门以沙米的有机大米特性研发一款蒸汽锅,开创了餐桌健康饮食的新思路;而具有400余年历史的百岁堂酒业更是利用其与浙江中医药大学的科研优势和沙米共同开发中国最高端黄酒——百岁堂沙米黄酒。提到优质大米大家总会想到每斤价格200元左右的日本大米,而作为中国本土品牌沙米的有机大米不管是在生长环境、种植方式、加工手段均要优于同类日本大米,同时沙米的售价仅仅为日本大米的十分之一。沙米创始人滕飞说,"在以健康为主题的当下社会,以沙米为中心的'互联网+健康'的餐桌文化将越来越广泛"。

同在犹太商学院平台上的哈尔滨市健康医院同样抓住机遇，进行战略重塑，将原先的名称"哈尔滨健康医院"重新命名为兆恒健康，将企业的品牌定位为"最具价值的健康管理平台"，将企业的愿景定为"让亿万中国人健康起来"，同时，犹太商学院提炼出兆恒健康的核心价值在于"健康"、"永恒"、"爱"。

二、从用户思维出发，觉察用户新的需求点以及市场的变化，进行战略重塑。 这里要讲到犹太商业思维中的"砍树法则"。我们要砍断一棵大树，是一斧头下去就能直接将大树砍断，还是一斧头接着一斧头地砍，才能砍断大树呢？显然是后者。同样，在互联网时代，中小企业要与比自己强大几十倍的对手甚至某个领域的领导品牌在同一个平台上展开竞争，正确的做法就是从用户的需求点出发，进行战略重塑，不断自我创新。

首先，是定位上的创新，要想与领导品牌展开竞争，就必须站得比它还要高，为用户提供更好的东西甚至截然不同的产品。事实上，当我们仔细观察某个领域的用户时，就会发现，用户大致也可以分为两类，一类是习惯性购买领导品牌，比如买一般手机，只买苹果手机或三星手机,买奢侈品牌手机,只认Vertu,但另一类人就恰恰相反,他们就愿意尝试新的产品与思维。因此,同样是奢侈手机品牌的HANMAC就争取后者的认同,将Vertu剩下的用户全部争取过来。

其次,进行技术更新换代。我们知道在手机行业,那些跨国大品牌在其新产品刚刚进入市场时,马上推出全新的概念、技术,让自己不断站在市场的最前沿。

第三,抓住行业洗牌的机会,主动进攻。不论在哪个行业,行业洗牌的机会都特别多,比如当国家发布新的技术标准、新的技术出现以及用户的习惯发生位移,甚至当经济下行时,积极发动价格战。请记住,不论在商业上,还是在实际的战争中,主动发起战争与被动应对战争的区别特别大,尤其在一个价格敏感的时期,主动发动价格战者会收益巨大,而应战者的收获相对就会被挤压。在当下的手机市场,国产手机OPPO、华为、小米等品牌正是在具备完整的价值链条、具备成本优势的情况下,通过价格与苹果、三星这些国际品牌打起价格战,采取大众化定价策略,逐渐蚕食市场,获取用户并试图在手机行业重新洗牌。这种进攻并不是一次性的,而是像砍树一样，它是一波接着一波，一轮接着一轮，让对手应接不暇，疲于奔命。2016年9月，苹果公司即将发布新一代手机产品，如果我的预测准确的话，在苹果手机在华地区的销量逐渐下滑的情况下，在本次新一代手机发布时，苹果公司将采取战略重塑，在产品上将原先的16G变成32G，而定价将不变甚至略有降低。

在犹太商业思维中，砍树法则的重点不是一击而中，而是在市场的变化中不断进行战略重塑，直到真正的机会出现。

三、从细分市场入手，并借助外部力量如风险投资的进入，迅速提升竞争力，进行战略重塑。比如犹太商学院平台上的大庆中医骨伤病医院，这家医院从1996年创办至今，专做中医骨伤，我们就从这个细分市场入手，进行战略重塑，将原先的公益性质的中医骨伤医院转型为一家产业化的新三板上市集团公司。

事实上，不论哪个行业都会经历从"洗牌—品牌割据—重新洗牌—新品牌"的轮回，当这个行业经历几次重新洗牌之后，品牌之间会重新展开竞争，以前的竞争可能是单方向的，但现在是一个全面竞争的时代，因此，在做战略重塑的时候，就要在全面竞争的框

架下考虑问题。现在的市场形态是用户的分化越来越严重,因此,不论在哪个行业,竞争升级、用户的分层、传播通路零散化等最终引发的结果就是用户消费决策的变化,自2015年掀起互联网企业转型的高潮之后,仅仅一年多时间,营销方式已经不再是从前纯粹的广告轰炸和炒作造势,而是找到用户的内核,找到引爆点。

最后,我想分享给所有创业者一句话:战略重塑的一切根源在于对人性的把握,不论身处哪个时代,谁掌握了人性,谁能拨动用户内心的琴弦,谁就能拥有天下。

破 局

  企业最大的敌人，不是别人，而是自己。有人问我，潘院长，现在几乎所有的行业都在下滑，这是不是企业最危险的时候，我这样回答他：实际上，创业者尤其是中国的创业者是这个世界上最苦的群体之一，我们刚刚创业的时候，风餐露宿，宁愿少吃一顿饭，也不愿多花一块钱，企业内部从上到下都同心协力，这个时候的创始人往往在创业中得到真正的心灵历练。当企业做到一定的规模时，危机刚刚开始露头，创始人才明白原来创办企业和做大、做强企业完全是两码事，后面就处于解决一个危机又一个危机的征程中，仿佛永远都有解决不完的问题在等着自己，直到有一天，企业的一切问题仿佛都解决了，创始人认为自己终于可以功成名就了，实际上，这个时候才是企业真正最危险的时候。创业一胜九败，但其魅力就在于此，它就像一个巨大的隐形旋涡，吸引着所有走上创业这条路的人。在犹太商业思维中，我们经营企业最大的危机并不是发生在冲锋陷阵的路上，倘若有一天，你发现你已经习惯了自己的企业管理方式，对周围的一切已经不再保持敏感的思维，那么，你的企业也许正处于最危险的时刻。

在"犹太商道"的课堂上，我经常引导大家做这样的反思：我是谁？我在哪里？我将要去哪里？我希望所有的创业者、企业家每天都能花几分钟时间做这样的冥想，探索生命的意义与价值，永远不满足，永远追求价值的创新，不论在哪里，不论环境如何，商业生命永远没有尽头。

有时候，回头看看自己走过的路，不禁热泪盈眶。但那个时候的我，怎么可能知道命运究竟会在哪个路口转弯呢？后来，我学习改变命运的方法，也正是这样的机缘，在20世纪90年代初期中国民营企业最活跃的时候，我从一名普通的业务员三个月便成为整个公司的销售冠军。我相信，每一位创业者都有一段不为人知的经历，这20年来，我几乎每天都和他们在一起，我个人的奋斗和他们的奋斗紧紧地连接在一起，而这正是我创办犹太商学院的原因，也是我的个人愿景"以商养善、强企富国"的源头所在。

在本书中，我前面的三篇讲的都是趋势，入选的主要企业案例都是创办不到5年的企业，因此，我将本书最后的篇幅留给两家持续经营超过10年的传统企业，它们同属于医疗领域，一个是1996年创办的大庆骨伤病医院，同时也是由大庆市卫生局批准成立的大庆市唯一一家以治疗骨伤病为主体的专科医院；另一个是创办了10余年的哈尔滨健康医院。如果你研究中国企业超过20年，你就会发现，几乎所有的中国企业都有一个10年再造的现象，也就是说，当一个企业迈过了10到15年，如果这个企业找到了新的突破口，跨越过了这个门槛，它就能展翅高飞，如果跨越不过去，它就会逐渐被新入者取代。

实际上，我们大多数企业都是在90年代做起来的，在创业初期，依靠的是自己的地缘优势或者先发优势，熟悉本土，拥有人脉，依靠原始的资本积累和竞争策略，很多企业渡过了曾经最幸福的10年，但今天，整个经济形势、用户需求都发生了巨大的变化，传统的经营模式、传统的企业框架如果再不重塑，这些企业还是抱着以前的经验不放，结果必死无疑。

在犹太商业思维体系中，重塑需要从两个方面入手，一是从内再造，即练内功，重塑一个更符合企业发展的管理运营系统。企业的经营者应该关注企业的长远发展，而不是当下的业绩。具体来讲分为以下几个板块：完善企业内部结构，完成人才培养与储备，实行有效激励，等等；二是从外变革，即获取用户与开创市场的能力，当下的企业竞争是战略体系的竞争，是品牌力的竞争。

企业在初期，依靠单品突破和精准定位，在局部市场或者细分市场获得成功，但这并不代表就能长治久安。表面上看，我们已经在区域市场上站稳了，甚至站了十多年，但实际上，我们只是在初期切入的细分市场上占据了领先地位，确切地说，即便你现在已经在自己的一亩三分地里成为领先者，但如果你始终绕着这块地打转,逐渐你就失去了发展的能力,因此,只有放大自己的格局,将企业放到更高的层面上,才有可能成长得更快、更强、更大。因此,找出自己的强项,在自己强项的基础上,围绕主力产品的消费人群逐步丰富产品组合,用这个一亩三分地带动其他的一亩三分地,逐渐向相关市场延伸。

在调研中,我们了解到,目前骨伤病医院呈现五个趋势:变、破、大、强、缺。变,表现为行业创新势在必行,未来的格局必将颠覆;破,表现为竞争格局相对稳定,国立医院占据强势地位,但随着对专业性、个性化服务的需求加大,这种稳定局面必然会被击破;大,表现在市场需求大,增长速度稳定,可操作空间大;缺,表现在行业的传统模式中,营销方式、品牌推广等都需要升级。

大庆骨伤病医院的创始人是现任院长王敏慧女士的父亲,老院长师从中西医骨伤病科奠基人尚天裕,就像我们前文中讲到的,尽管医院经过老院长数十年来的经营,在医疗上有技术、有基础、有资源、有口碑,但是出现了很多中国传统企业都会出现的品牌老化、经营模式老化等规律性问题。现任院长王敏慧女士也意识到这个问题,经营的担子从父亲的肩膀上交班给她,她要做的就是想办法将这份事业延续下去，让其基业长青，因此，她外出学习，但苦于无法找到突破口。

之前，大庆骨伤病医院的经营模式特别传统，就是等客上门，中国传统的医院经营就是这样的，虽然是服务行业，但经营思路却和传统的工厂一样：积累资金—购买设备—积累资金—购买设备。当然，有这样经营思路的第二个原因就是这家医院之前的定位是一家非营利性医院，也就是说，它的利润不可以进入私人口袋，只能投入到设备上去，尽管非营利性的好处就在于能争取到国家和当地政府的支持，但对大庆骨伤病医院这样一家民营医院来说，显然弊大于利。在一次课程后，我问王敏慧女士，你到底是要做慈善还是做商业？她说，肯定要做商业，对民营医院来说，要想做大、做强首先要做的就是商业化。

事实上，背负在王敏慧身上的还有第二个沉重的包袱，她是典型的家族企业接班人，自她接班的第一天开始，她就想着怎么改进，但她的父亲也就是医院的创始人实际上并没有完全放手让她去做，在犹太商学院接触大庆骨伤病医院之前，王敏慧女士已经先后邀请了多个咨询公司入驻，结果，都被老院长赶了出去，因此，王敏慧女士一定要求我本人亲自去一趟大庆,第一个要做的工作就是说服老院长。我知道她将实情告诉我是为了避免不必要的误会,她一再解释,她的父亲如何固执,甚至在她接手医院之后的数年里,从来没有夸她一句。我说,没关系。

也许,有些事情就在机缘之中。在和老院长的沟通中,我将我对这家医院的看法告诉他,关于这家医院目前存在的问题,应该如何解决,医院未来应该朝哪个方向走,将来应该怎么做……老院长和我非常投缘,我们谈了很久,老院长最后告诉女儿:敏慧呀,你

就照着潘院长的想法去做!得到老院长的赞同,这让王敏慧女士非常激动。

实际上,我们很多传统企业的现状就和当时的大庆骨伤病医院一样,当务之急要解决的就是思维的转型和重塑战略的建立。现在,几乎已经没有空白的市场,产业进入的壁垒越来越高,在这种情况下,原有的经营方式必将殃及企业的未来。

因此,我们首先对大庆骨伤病医院进行战略升级。从有技术到战略布局升级,从有基础到商业模式升级,从有资源到营销体系升

级，从有口碑到产品组合升级，从有潜力到运营系统升级。确定骨伤病治疗为核心业务，按摩保健、康复理疗、骨伤医药为新兴业务，老年地产、养老院为战略业务，形成围绕骨伤病治疗，打造医药、护理、治疗、养生、养老等全产业链。

在内部管理上，我们将传统的医院管理模式转型为先进的犹太商业系统公司管理模式，导入管理系统，将整个医院自下至上所有的科室都整合到公司平台上，设定服务奖、承担奖等，实行全员激励。一切的一切，都建立在创造性思维的基础上，从创新的角度，突破固有的问题。事实上，创新就是势，升级就是势，重塑就是势。要将一家经营了二十年的传统医院快速转型成一家现代化企业，这本身就是一个异常困难的事情，绝大多数经营者往往只打响了开头一枪，后面就找不到影儿了，当他们遭遇到的阻力比动力大时，如果没有足够的外力支撑，改革必然失败！

王敏慧女士知道，犹太商业系统中讲到的"势"的关键就在于坚持，她说，要破局就没有退路，等你爬到半山腰，脚下是万丈深渊，如果不往上走，结果要不就是站在半山腰不动，那是等死，要不就是摔下山崖，她只能趁势而起，导入企业系统，升级产品线，导入新品牌形象，整合营销思路以及升级销售通路。

仅仅一年时间，大庆骨伤病医院的业绩开始翻番，王敏慧本人不用再像一年前一样，被各种琐碎的事情"绑架"在医院里，老院长也不用每天坐镇，现在，犹太商学院正在帮王敏慧布局资本市场，开始迈向更高的征途。

2016年，王敏慧首次进行大庆骨伤病医院的发展规划路演，之后，她的父亲对她说："敏慧，你今天做得很好！"老院长的这句话，让王敏慧感动哭了，因为这是从她记事以来，父亲第一次这样赞许她、肯定她。

	传统企业"钓鱼模式"	互联网思维"养鱼模式"
打法	1、钓一条，算一条 2、传统的交易思维 3、产品为王 4、口碑效应	1、免费模式 2、用户第一 3、体验为王 4、打造用户黏性
商业思维	1、做大才能做强，做大才有影响力 2、企业主导的商业模式，用户没有话语权	1、用户主导的商业模式，一切为用户为中心 2、互联网思维

(表4-1)：钓鱼模式与养鱼模式

如何固守核心竞争力与开发新的竞争领域一直是企业在成长中最大的困惑，在犹太商业思维中，我将传统的经营模式称作钓鱼模式，将互联网时代的经营模式称为养鱼模式（见表4-1）。本节的第二个案例哈尔滨健康医院在过去十余年的经营中，采用的就是钓鱼模式，其核心业务就是给当地的一些大型企业职工做体检，用创始人自己的话说，如果不是来犹太商学院上课，她打算这辈子就这样算了，她不敢想，也没有梦想，但犹太商业思维中的颠覆性思维彻底唤醒了她，让她有勇气重新出发。她说："潘院长教会了我：我没有，但我们有；我不会，但我们会。我要懂得借，不仅敢于借，而且还要会借。"于是，她将犹太商学院的整个项目咨询团队"借"到哈尔滨，结果我们去了才明白，她不敢有梦想的真正原因。

犹太商学院项目组将兆恒健康的问题主要总结为以下几点：

1. 经营思维老化。经营理念依然采取"坐店经营"的方式；营销理念采取一传一的口碑效应，用户只认识创始人；医院不进行个人品牌塑造以及根本就没有管理，医院的员工大多是正规医院的离退休人员；

2. 盈利方式单一。主营业务就是做大企业的职工体检；

3. 业务模式单一。主要客户来源分为三种，一是客户相互间介绍；二是创始人参加《大话养生》的电台节目导流；三是医院周边客户；

4. 管理粗放。无品牌，VI形象不统一，无视觉冲击力，哈尔滨健康医院的品牌也没有任何亮点可言；无文化，无作品，无信任。专家资质、证书展示、客户见证、文化标语等不上墙，缺乏科学严谨的展示；

5. 团队老化。目前团队成员主要表现为技术型、专家型、老龄化、守旧型；

6. 核心竞争力不突出。尽管健康产业是趋势，但却看不到任何优势。

这个世界上没有完美的企业，更没有完美的营销，但我们却一直在追求完美。我们现在的企业为什么没有竞争力，原因很简单，在过去三十多年的快速发展中，我们缺失了某种根上的东西，缺失了某种灵魂上的东西，缺失了某种精神上的东西，以前缺失了，现在我们要一样一样补回来。

在调研哈尔滨健康医院的过程中，当犹太商学院的项目组面对这么多问题时，我们只能采取最笨的方法，梳理一个一个的问题，一个一个地解决。首先，针对当下哈尔滨健康医院的模式单一、产品单一、优势单一、营销单一、盈利点单一的五个单一问题，我们的方向是战略清晰、模式创新、营销创新、产品组合、系统运营。

1. 战略清晰。明确企业的经营愿景为：让亿万中国人健康起来！战略定位为东北地区最具价值的健康管理平台。

2. 模式创新。从专业体检机构升级为健康管理服务机构，再升级为健康管理平台。

3. 营销创新。第一阶段核心客户为事业单位、大型企业、集团公司的职工；第二阶段客户为注重健康的高净值群体；第三阶段客户为大众消费群体。

4. 产品组合。核心业务为体检项目、减肥项目，新兴业务为健康订制、健康讲堂、其他产品与服务订制，战略业务为打造健康平台。

5. 系统运营。首先，导入犹太商业思维建立系统；其次，系统标准化，可复制；第三，连锁化、品牌化。

此外，我们重新定位核心价值：健康、永恒、爱心。广告语为"健康恒久远，兆恒保全程"。

兆恒健康的品牌就来源于此。

在犹太商业思维中，弱和强之间，泾渭虽然分明，但弱与强之间的距离却只在跬步之间。强，弹指间就成为泡影；弱，转眼间可以变强，关键在于你有没有找到支点。这个支点就是我们企业最擅长的地方，也许隐藏在产品上、团队上、营销上、技术上，只要你找到它，并将它发挥到极致，弱可以马上变强。

2016年，中共中央政治局即将在8月26日审议"健康中国2030"规划纲要，如果不出我的预料，健康产业将是下一个风口，这是我在这本书最后一篇亦是最重要的一篇中放上两家传统医院作为结尾

的原因。

  我不知道我们还有多少家类似的传统民营医院需要转型，但我希望有更多的经营者能看到这本书，能到犹太商学院的平台上来，和更多怀揣梦想的创业者们一起为实现中国梦而奋斗！

大庆骨伤病医院公众微信

哈尔滨健康医院公众微信

迅鹰是谁

向鹰学习高效、精准、务实的精神。八年来,迅鹰出版了一批企业案例和企业家经营思想的图书,成功构建了新的商业案例、经营模式、行业研究的经管图书出版体系与文创传播体系。

个性化策划

迅鹰从企业文创层面入手,挖掘每一个企业独到的成功、成长之道,针对不同行业、领域、现状的企业策划个性化企业出版与文创服务。迅鹰认为,一本书,不仅是一座陈列馆,还是对创业的感悟。出书,更是一个深度醒觉与重新上路的过程。

迅鹰团队

十四年文创、媒体、出版行业实操经验,八年连续创业者。

全流程

迅鹰提供全流程的企业出版服务,您只需告诉我你想要达成什么,其他的一切,交给我们。

媒体推广能力展现

不少于1000家媒体全面覆盖。